잠 못들 정도로 재미있는 이야기

창업

하야시 나오히로 지음 / 김선숙 옮김

BM (주)도서출판 성안당

이 책은 제가 직접 창업에 뛰어들며 얻은 경험을 바탕으로, 창업을 준비하는 분들께 꼭 필요한 현실적인 노하우를 전하고자 쓴 것입니다. 이 책을 펼친 여러분이라면 분명 창업에 관심이 있을 것입니다. 하지만 '감만 믿고 시작해도 될까', '혹시 실패하면 어떡하지' 하는 걱정 때문에 쉽게 발을 떼지 못하는 분들도 많겠지요. 이 책은 바로 그런 분들께 창업이라는 낯선 세계로 향하는 길을 조금 더 선명하게 보여드리고자 합니다. 비즈니스 아이디어라는 것은 사실 지금 이 글을 읽고 있는 여러분의 마음속에 이미 존재합니다. 저는 창업 상담을 할 때 요즘 문제라고 느끼는 점은 없는지, 지금 몸담고 있는 업계에 불합리하거나 개선이 필요한 부분은 없는지 먼저 묻습니다. 이 질문을 던지면 대부분 하나쯤은 떠올리기 마련입니다. 그 불편함이나 문제를 해결할 수 있는 서비스가 바로 여러분이 찾아야 할 비즈니스 아이디어입니다.

또한 '감동했던 경험을 바탕으로 생각을 확장하는 방법'도 있습니다. 누구에게나 마음이 뭉클했던 순간이 하나쯤은 있을 것입니다. 그때의 감정을 떠올려 보세요. 그 감동을 더 많은 사람에게 전할 수 있는 서비스를 만든다면, 그것 역시 훌륭한 창업 아이디어가 됩니다. 즉, 여러분의 마음속에는 이미 새로운 서비스의 씨앗이 존재합니다. 다만 그것을 스스로 알아차리느냐 그렇지 못하냐 차이가 있을 뿐입니다.

어떤 분들은 저를 두고 '사업을 할 때마다 성공해온 대단한 사람이다!'라고 생각할지도 모르겠습니다. 하지만 실제로는 수많은 사업을 시작했고, 그중 일부는 성공했지만 실패한 일도 셀 수 없을 만큼 많았습니다. 그러니 여러분도 두려워하지 말고, 창업을 향한 첫걸음을 내디뎌 보시기 바랍니다.

하야시 나오히로

프롤로그　2

제1장

창업을 하기 전에 꼭 생각해 봐야 할 것들　7

01_ 사회 문제를 해결할 수 있는 서비스인가　8

02_ 지금까지 쌓아온 기술과 성과, 인맥을 돌아보자　10

03_ 창업 전, 사용 가능한 자금을 확인하라　12

04_ 필요한 자금을 마련하는 방법　14

05_ 내 아이디어, 사업이 될 수 있을까?　16

06_ 사업을 시작하려면 나만의 '꿈'이 필요하다!　18

07_ 직장인이 아닌 경영자에게 필요한 마인드　20

08_ 파인 다이닝과 동네 중식당, 어디가 더 잘 벌까?　22

09_ 업무 위탁을 적극 활용하라　24

10_ 회사를 알리는 SNS를 시작하라　26

11_ SNS 활용이 성공을 좌우한다　28

COLUMN 1

단돈 300만 원으로 시작해 연 매출 1,300억 원 기업이 되기까지　30

제2장

재직 중&창업 전에 반드시 준비해야 할 것들　31

01_ 큰돈을 쓰기 전에, 사업성을 검증하라　32

02_ 언제든 함께 일할 수 있는 관계를 구축하라　34

03_ 신규 사업, 먼저 믿을 만한 동료에게 알려라　36

04_ 누구나 이해할 수 있는 사업 모델을 만들어라　38

05_ 내 회사를 이렇게 만들고 싶다는 목표 설정의 기술　40

06_ 비용을 지불해서라도 유명 기업가를 찾아가라　42

07_ 창업 전, 반드시 여러 장의 신용카드를 만들어라　44

08_ 창업 전에 지방 은행과 신용금고에 개인 계좌를 만들어라　46

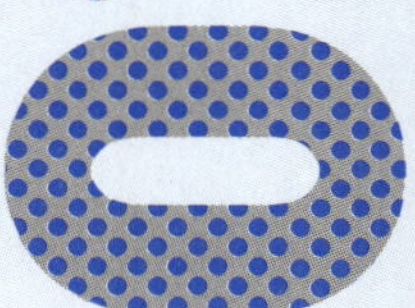

09_ 사업에 필요한 거래처는 미리 정해둔다 48

COLUMN 2

창업을 결심하게 된 계기는 학원에 대한 실망과 분노 50

제3장

실제로 회사를 설립해 보자 51

01_ 자본금이란 무엇일까? 52

02_ 회사를 설립할 때 자금은 얼마나 필요할까? 54

03_ 사업, 어떤 형태로 시작할 것인가 56

04_ 창업의 첫걸음, 회사 설립 등기 58

05_ 불안하다면 전문가에게 조언을 구하자 60

COLUMN 3

창업 아이디어에 대한 주변의 반응 62

제4장

창업 후 가장 먼저 해야 할 일 63

01_ 자금 관리, 회사의 생존을 좌우한다 64

02_ 돈 관리는 세무사에게 맡겨라 66

03_ 흑자인데 이익은 0원? 재고, 외상대금, 은행 상환의 구조 68

04_ 창업 후 가장 먼저 집중해야 할 것은 영업 70

05_ 기업 인지도를 높이는 가장 확실한 방법 72

06_ 유능한 파트너를 만나면 사업은 잘 풀린다 74

07_ 대기업에도 맞설 수 있는 경쟁력 키우기 76

08_ 판매 상품의 원가율을 고려하라 78

09_ 돈을 많이 쓰지 않아도 가능한 현실적인 마케팅 전략 80

10_ 시행착오 속에서 사업을 접을 시점을 판단하라 82

11_ 먼저 사업을 궤도에 올려라 84

12_ 매출은 여러 거래처로 분산하라 86

13_ 아르바이트를 고용할 것인가? 말 것인가? 88

14_ 프랜차이즈, 언제 시작해야 할까 90

COLUMN 4

성장 가도를 달릴 때는 경영이 쉽다. 가장 어려운 시기는 성장하기 전이다 92

제5장

사업 성과를 극대화하는 프랜차이즈 확장 전략 93

01_ 매장을 늘리는 프랜차이즈란 무엇인가 94

02_ 프랜차이즈를 통해 타인의 역량을 활용하며 회사를 키운다 96

03_ 프랜차이즈의 장단점 98

04_ 프랜차이즈 매장을 늘렸을 때, 수익은 어떤 구조로 들어올까? 100

05_ 프랜차이즈 설명의 핵심은 비전과 리스크 102

06_ 프랜차이즈를 시작할 때 드는 비용 104

07_ 직영점에서 프랜차이즈 1호점을 만들기까지 106

08_ 프랜차이즈 가맹 시 활용할 수 있는 지원 제도 108

09_ 어떤 프랜차이즈 상담 서비스를 선택해야 할까 110

COLUMN 5

제가 학원 프랜차이즈를 선택하게 된 이유 112

하야시 나오히로가 엄선! 프랜차이즈 추천 기업 113

제1장

창업을 하기 전에
꼭 생각해 봐야 할 것들

01 사회 문제를 해결할 수 있는 서비스인가

경험에서 태어난 사업이 가장 강하다

창업의 핵심은 시장과 사회가 안고 있는 문제를 해결할 수 있는 서비스를 만드는 데 있습니다. 사회적 과제나 문제를 해결할 무언가를 만들어내지 못한다면, 그 서비스는 사람들의 공감과 신뢰를 얻기 어려울 것입니다.

또한 그 서비스가 지금까지의 일과 전혀 관련이 없거나, 어떠한 경험에도 바탕을 두지 않았다면 "도대체 당신은 왜 그 일을 하는 거죠?"라는 질문을 받을지도 모릅니다. 따라서 자신의 경험에 기반한 서비스로 창업하는 것이 바람직합니다.

만약 해오던 일과 전혀 관련이 없는 분야에서 창업한다면, 사람들은 단순히 돈이 되니까 시작한 것이라고 생각할 수도 있습니다. 그러므로 자신의 경험에 기반해, 누가 들어도 '아, 그래서 이 일을 하는구나' 하고 자연스럽게 납득할 수 있는, 설득력 있는 비즈니스 모델을 선택하는 것이 가장 확실한 방법입니다.

필자의 경우를 예로 들자면, 고등학교 1학년부터 재수할 때까지 4년 동안 입시 학원에 다녔지만 성적은 좀처럼 오르지 않았습니다. 그 경험을 바탕으로 "사교육 현장의 문제점을 느끼고, 그 문제를 해결하기 위해 창업을 결심했다"고 하면 훨씬 설득력 있게 들리지 않을까요?

이처럼 자신의 경험에 기반한 사업이라면 충분히 설득력을 가질 수 있습니다. 그리고 이러한 사회적 문제를 해결할 수 있는 서비스를 만들어야 한다고 생각합니다.

자신이 느낀 문제를 해결하는 것이 중요하다

① 자신의 경험에서 출발한 사례

고1부터 고3, 그리고 재수 시절까지
4년 동안 학원에 다녔지만,
성적은 전혀 오르지 않았다.

② 설득력 있는 이유

시간과 돈을 쏟아부었지만
성적이 오르지 않는 교육 방식에
근본적인 문제가 있다고 느꼈다.

③ 사회적 문제 해결

검증된 학습법으로 학생들을
지도하는 학원을 세워,
기존 교육 방식의 문제점을 해결했다.

누구나 "아, 그렇구나" 하고 납득할 수 있는 비즈니스
모델을 선택하는 것, 그것이 바로 성공의 비결이다!

02 지금까지 쌓아온 기술과 성과, 인맥을 돌아보자

차별화 없는 서비스는 성공하기 어렵다

지금까지 해온 일에서 얻은 경험을 살릴 수 있는 것, 문제라고 느꼈던 점, "이건 이렇게 하면 더 좋지 않을까?" 하고 의문을 품었던 순간들을 떠올려 보세요. 직접 겪은 경험을 바탕으로 창업 아이디어를 구체화하는 것이 출발점입니다. 지금까지 교육 업계에서 일해왔다면 그 분야에 대한 이해가 깊을 것이고, IT 업계에서 일했다면 기술적 강점을 살릴 수 있을 것입니다.

하지만 지금 다니고 있는 회사와 동일한 형태의 서비스로 창업하는 것은 피해야 합니다. 이는 회사에 피해를 줄 수 있을 뿐 아니라 윤리적으로도 바람직하지 않습니다.

가령, 방문 교사 파견 회사에서 일하면서 똑같은 방식의 방문 교사 파견 사업을 그대로 시작하는 것은 바람직하지 않습니다. 그러나 '가정을 방문해 가르치는 방식만으로는 성적 향상이 어렵다'는 문제의식을 바탕으로, 자기주도 학습을 체계적으로 관리하는 학원으로 방향을 확장한다면 이야기는 달라집니다. 같은 사교육 업계 안에서도 완전히 다른 서비스로 발전시키는 것이기 때문입니다.

지금까지 해온 일에서 쌓은 기술과 실적, 인맥을 돌아보며 자신이 할 수 있는 일이 무엇인지 깊이 생각해 보세요. 그렇게 쌓아온 경험을 자신만의 방식으로 재구성하고, 그 경험을 토대로 차별화된 아이디어와 서비스를 만들어내는 것이 바로 창업을 성공으로 이끄는 핵심입니다.

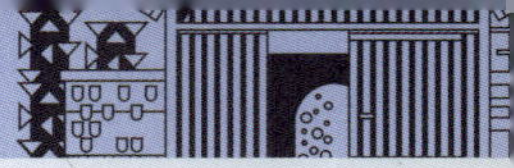

현재 했던 업계와 동종 업계에서 창업을 한다

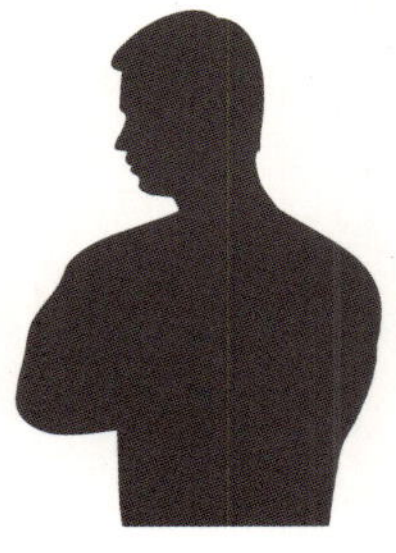

일하면서 불편하거나 비효율적이라고 느꼈던 점,
"이건 이렇게 하면 더 좋지 않을까?" 하고
떠올렸던 생각들을 바탕으로 창업을 구상해 본다.

지금까지 교육 업계에서 일해왔다면 교육 업계를,
IT 업계에 몸담았다면 IT 업계를 잘 이해하고 있을 것이다.

그동안 쌓아온 기술, 실적, 인맥을 활용할수 있는
동종업계에서 창업하는 것이 좋다.

더 나은 서비스나 상품을 구상해 보자!

현재 근무 중인 회사와 똑같은 일을 하는 것은
회사에 피해를 줄 수 있으므로 절대 해서는 안 된다.

03 창업 전, 사용 가능한 자금을 확인하라

무리 없는 자금으로 창업하자

먼저, 지금까지 모아둔 자금이 얼마나 되는지, 또 현금 외 자산이 어느 정도인지 확인합니다. 창업 후 어느 시점까지 자신의 자금으로 버틸 수 있는지를 아는 것은 매우 중요합니다.

솔직히 말하면, **처음에는 큰 자금이 들지 않는 사업부터 시작하여 필요한 자금을 모으는 것이 가장 좋습니다.** 필자 역시 대학에 입학하자마자 학원을 만들고 싶었지만, 대학 1학년 때 과외 아르바이트부터 시작해 창업에 필요한 자금을 모았습니다. 그 후 어느 정도 자금이 모인 뒤에 '다케다 학원'을 세웠습니다. 다시 한 번 강조하지만, 처음에는 큰 비용이 들지 않는 사업으로 시작해 필요한 자금을 모은 후, 진정으로 하고 싶은 일을 시작하는 것이 가장 바람직합니다.

다만, 처음부터 꼭 하고 싶은 사업이나 반드시 해야 한다고 생각하는 사업이 있는데, 스스로 준비할 수 없는 자금이 필요하다면 어디선가 자금을 조달해야 합니다.

수억 원 이상을 저축해 그 돈으로 시작할 수 있는 사람은 많지 않을 것입니다. 따라서 정말 하고 싶은 비즈니스로 창업하고자 한다면, 다음 장에서 소개할 필요한 자금을 마련하는 방법을 참고하시기 바랍니다.

처음에는 '돈이 들지 않는' 사업으로 시작해라!

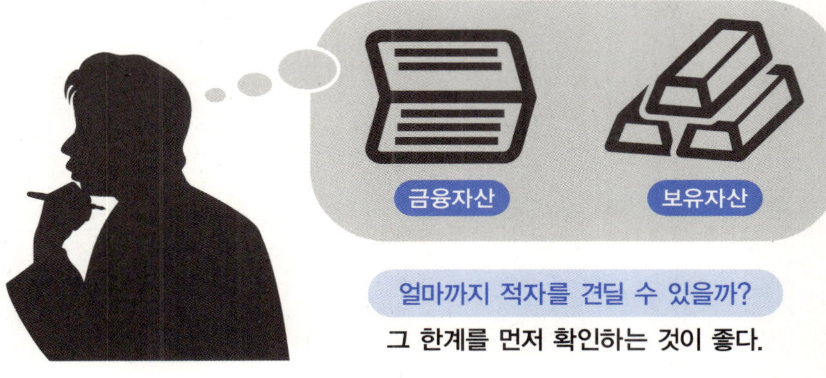

원가 부담 없는 사업으로 시작하여 자금을 모은다.

우선 돈이 들지 않는
사업부터 시작한다.

↓

필요한 자금을 모은다.

↓

창업 자금이 충분히 모이면,
정말 하고 싶은 일을 시작한다.

처음부터 비용이 많이 드는 사업을
하고 싶다면, 자금 조달이 필요하다.

04 필요한 자금을 마련하는 방법

'창업 관련 유튜브 채널'에 도전해 보자

자금 조달 방법에 대해 이야기하자면 은행에서 쉽게 돈을 빌릴 수 있으리라 기대하지 않는 것이 좋습니다. 다만, 정부에서 지원하는 창업자금 제도(중소벤처기업진흥공단의 정책자금 대출이나 한국산업은행의 온렌딩 대출 등—옮긴이)를 활용하면 초기에 상당한 금액을 마련할 수 있습니다. 물론 벤처캐피털을 통해 투자를 받는 방법도 있지만, 이 경우 일부 지분을 내주거나 경영에 간섭받을 수 있으므로 개인 창업 초기에는 추천하지 않습니다.

한 가지 방법으로는 투자자와 전문가가 직접 참여하는 창업 관련 유튜브 채널(한국에는 앤틀러코리아, 한국투자액셀러레이터, 위너스IR 등이 있음—옮긴이)에 출연하는 것을 고려해 볼 수 있습니다. 이런 프로그램에 출연하면, 약 절반 정도의 확률로 수천만 원에서 많게는 수억 원까지 자금을 조달할 수 있습니다. 출연을 통해 CEO나 투자자와 네트워크를 쌓고, 창업 관련 유튜브 채널과의 인연으로 새로운 사업 기회나 경제권으로 연결될 가능성도 생깁니다.

무엇보다 벤처 투자와 달리 일부 지분을 내줄 필요 없이 출연만으로 자금을 받을 수 있다는 점이 큰 장점입니다. 또한 구독자가 수십만에서 수백만 명에 이르는 창업 관련 유튜브 채널에 출연하면, 브랜드와 사업을 순식간에 널리 알릴 수 있습니다.

따라서 창업 자금 조달 방법은 부모님이나 친구, 은행, 정책자금, 벤처 캐피털, 엔젤 투자자 등 다양하지만, 자금과 인지도를 동시에 얻을 수 있는 창업 관련 유튜브 채널 출연도 좋은 선택이 될 수 있습니다.

오프라인 매장처럼 초기 투자가 많이 드는 비즈니스를 처음부터 하고 싶은 경우

자기자금만으로 시작할 수 없다면 자금 조달 이 필요하다.

주요 자금 조달 방법(대출처)

은행	정책 금융기관	부모·친구	투자자 (대표)

창업 시 자금을 마련하는 방법에는 은행이나 창업 자금을 지원하는 정책 금융기관에서 대출받는 방법이 있고, 부모나 친구 혹은 사업가 등 가까운 지인에게 빌리는 방법도 있다. 금융기관에서 대출받을 경우 심사 절차가 필요하며 담보 제공이나 이자 상환도 요구되므로 가능하면 가까운 사람에게 빌리는 것이 좋다.

*창업 유튜브 채널 '레이와의 호랑이'

창업 관련 유튜브 채널에 출연해보는 방법도 있다.

- 약 50% 정도의 확률로 수천만 원에서 많게는 수억 원까지 자금 조달 가능
- 출연 중인 투자자(대표)와 인맥 형성 가능
- 창업 관련 유튜브 채널과의 인연을 통해 투자자 그룹과의 인연
- 구독자 수가 수십만 명 이상인 창업 관련 유튜브 채널 출연으로 인한 유명세

단번에 유명해지고 사업을 가속화할 수 있는 창업 관련 유튜브 채널 출연도 고려해볼 만하다.

05 내 아이디어, 사업이 될 수 있을까?

확실한 수요가 있는 시장부터 공략하라

자신의 아이디어가 실제 사업으로 이어질 수 있는지 판단할 때, 가장 기본이 되는 기준은 이미 유사한 사업이 존재하며 그 시장에 확실한 수요가 있는지 확인하는 것입니다.

예를 들어, 맛있는 커피숍을 열고자 한다면 세상에 이미 수많은 커피숍이 존재하므로 시장이 확실히 존재한다는 사실을 알 수 있습니다. 반면, 맛있는 홍차 전문점을 열고자 한다면 홍차 전문점은 많지 않아 시장 수요가 충분한지 확신하기 어렵습니다. 물론 이런 시장을 처음부터 개척한다면 사업으로서 큰 가능성이 있지만, 커피숍처럼 이미 수요가 확인된 시장에서 시작하는 것이 안전합니다. 전례 없는 상품이나 서비스보다는 이미 시장이 형성되어 있는 상품이 훨씬 확실하고 시작하기도 쉽습니다.

다케다 학원도 대학 입시 학원이라는 이미 경쟁자가 있는 업계, 예를 들어 카와이(河合), 토신(東進) 등 다양한 학원이 존재하는 가운데 '성적이 오르는 더 나은 학원'이라는 포지셔닝으로 진입했습니다. 즉, 어느 정도 시장이 이미 형성되어 있는 곳에 들어간 셈입니다. 다시 말하지만, 전혀 시장이 없는 분야나 단번에 큰 성공을 노리는 것보다는 이미 수요가 확인된 시장에서 시작하는 것이 안전하고 바람직합니다.

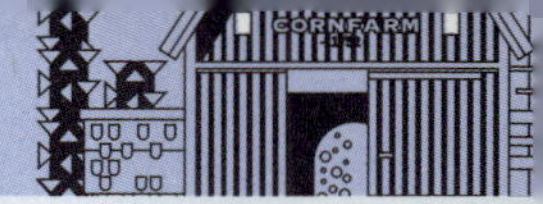

전례 없는 상품보다는 시장성이 있는 상품

예 이미 시장이 존재하는 커피 프랜차이즈

경쟁은 많지만 수요가 있으므로 진입이 용이

예 지금까지 시장이 존재하지 않는 홍차 프랜차이즈

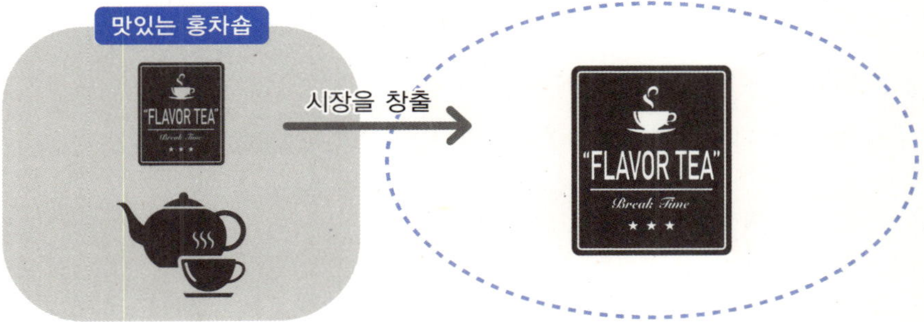

성공하면 시장을 독점할 수 있으나 수요가 있을지 불확실

우선 시장(수요)이 있는 분야에
진입할 것을 추천한다.

내 아이디어, 사업이 될 수 있을까?

06 사업을 시작하려면 나만의 '꿈'이 필요하다!

자신의 비전을 명확히 하자!

앞서 언급한 '사회 문제를 해결할 수 있는 서비스'(8쪽 참조)와도 연결되지만, 중요한 것은 **'세상을 이렇게 바꾸고 싶다', '이런 문제를 해결해서 더 나은 세상을 만들고 싶다'는 분명한 비전이 있어야 한다는 점입니다.**

왜냐하면 그런 비전이 없으면 그 회사에 일을 맡기고 싶다는 생각도, 그 회사에서 함께 일하고 싶다는 마음도 생기지 않기 때문입니다. 그렇기 때문에 사업을 시작할 때는 '어떤 사회를 만들고 싶은가', '내가 어떤 사람이 되고 싶은가'와 같은 경영자의 꿈이 매우 중요합니다.

예를 들어 유튜브 '프랜차이즈(fc) 채널'은 제가 다케다 학원을 8년 동안 직영으로 운영하며 성장에 한계를 느끼고 있을 때, 프랜차이즈 제안을 받으면서 시작된 사업입니다. 그 후 8년 만에 연 매출이 1억 원에서 100억 원으로 성장했으며 그 경험을 통해 '인생을 크게 바꿔준 그 놀라운 가능성을 더 많은 사람에게 전하고 싶다'는 생각으로 채널을 만들었습니다.

반대로 '이건 좀 돈이 될 것 같다'라는 가벼운 마음으로 시작한 사업에서는 수천만 원의 적자를 낸 적도 있습니다. 여러 사업을 해보았지만, 결국 마음속에 확고한 신념이나 비전이 없으면 실패하기 쉽다는 사실을 절실히 깨달았습니다.

사실 비전은 눈에 보이는 서비스나 상품보다 더 큰 의미를 갖습니다. 회사의 방향을 정하고 조직을 움직이게 하는 힘이 바로 그 비전이기 때문입니다.

비전은 무엇보다 중요하다!

명확한 비전이 없으면, 사람들은 그 회사와 함께 일하려 하지 않는다.

기업을 경영할 때 가장 중요한 것은
명확한 비전을 제시하는 것!

사업을 시작하려면 나만의 '꿈'이 필요하다!

07 직장인이 아닌 경영자에게 필요한 마인드

매출 창출에 집중하라

직장인은 출근만 하면 고정급을 받습니다. 하지만 **창업하여 경영자가 되면, 단순히 출근만 한다고 해서 수익을 얻을 수 없습니다. 일거리를 확보하고 매출을 만들어내지 않으면 회사의 수입은 들어오지 않기 때문입니다.**

영업 활동을 통해 계약을 성사시키는 일은 결코 쉽지 않습니다. 회사에는 회계, 총무, 서류 정리, 상품 품질 개선 등 다양한 업무가 있지만, 실질적으로 매출을 만들어내는 활동은 오직 경영자만 수행할 수 있는 핵심 업무입니다. 따라서 경영자는 다양한 사람을 만나고, 블로그를 업데이트하며, 온라인 광고를 집행하는 등 **매출 증대와 신규 계약 확보를 최우선 과제로 삼아야 합니다.**

하루 업무의 80~90%를 매출과 계약 성사에 우선적으로 투입해 적극적으로 수익을 만들어내야 합니다. 자금이 부족해지면 회사는 금세 어려움에 처하기 때문에 매출 중심의 사고는 선택이 아니라 필수입니다. 매일 업무를 마친 뒤 일지를 작성해 보면, 생각보다 많은 시간이 서류 정리, 회계 처리, 이메일 확인 등에 쓰이고 있다는 사실을 알게 될 것입니다. 따라서 사람을 만나거나 **매출과 직결되는 핵심 업무에 충분한 시간을 확보할 수 있도록 반복 업무를 체계적으로 관리하고 효율화해야 합니다.**

일거리 확보는 경영자의 역할

- 출근했다고 해서 고정적으로 돈을 받을 수 있는 것이 아니다.

- 출근만 하면 고정급을 받을 수 있다.

회사의 업무는 여러 가지가 있지만, 경영자가 해야 할 일은
무엇보다 매출과 직결되는 일이다!

영업	홍보	고객 관리	회계 업무	인사

자신이 직접 할 일   외부/직원에게 맡길 일

하루 업무량의 80~90%는
매출과 직결되는 일에 써라!

매출로 이어지는 일에 업무를 집중해
현금을 벌어들이는 것이 중요하다!

08 파인 다이닝과 동네 중식당, 어디가 더 잘 벌까?

초기 투자 부담이 적은 창업이 최선

창업 상담을 하다 보면 "고급 음식점을 차리는 것이 좋을까요, 아니면 동네 중식당을 하는 것이 좋을까요?"라는 질문을 자주 받습니다. 결론부터 말씀드리면, 일반적으로는 이익률이 높은 고급 음식점이 더 유리한 선택이 될 가능성이 큽니다. 물론 동네 중식당을 낮게 보려는 의도는 전혀 없습니다. 대중 음식도 충분히 훌륭하다고 생각합니다. 다만 일반적으로 이익률이 낮아 운영하기가 쉽지 않을 수 있다는 점은 분명합니다. **회전율이 높아 박리다매 방식으로 안정적인 수익을 낼 수 있다면 괜찮지만, 이익률이 낮으면 규모를 확장하기 어렵다는 현실적인 한계가 있습니다.**

고급 음식점이든 동네 중식당이든 매장을 운영하는 것 자체는 나쁘지 않습니다. 그러나 매장 하나를 열기 위해서는 1억~2억 원 정도의 초기 비용이 필요하므로 처음 창업하시는 분들께는 부담이 될 수 있습니다. 그래서 **가능하다면 초기 비용이 적게 드는 사업부터 시작하는 것이 좋습니다.**

예를 들어 영상 편집 기술을 익혀 프리랜서나 외주 형태로 영상 편집·디렉션 업무를 한다면 매장이 필요 없습니다. 또한 세무서 근무 경험이 있다면 상속세 강의처럼 **자신의 지식과 경력을 활용한 스쿨 비즈니스도 가능할 것입니다.** 이런 방식은 원가가 거의 들지 않기 때문에 매우 효율적입니다. 실제로 다케다 학원 역시 초기 자금이 충분하지 않았기 때문에 처음에는 '방문 교사 연결 서비스'로 작은 규모에서 사업을 시작했습니다.

핵심은 고수익을 낼 수 있는 사업에 집중하는 것

파인 다이닝

수익률 **높다**

동네 중식당

수익률 **낮다**

파인 다이닝과 동네 중식당을 비교하면
수익률이 높은 파인 다이닝이 더 낮다.

다만……

매장을 여는 데에는
약 1억~2억 원 가량의
자금이 필요하고 리스크도 크다!

매장을 새로 열 경우, 토지비, 건물비, 임대료, 리모델링 비용, 주방과 조리기구, 식기류 등 여러 비용이 많이 든다. 따라서 실패했을 때의 리스크도 크다는 점을 알아야 한다.

가능하다면 초기 투자가 거의 들지 않고
수익률이 높은 사업부터 시작한다.

09 업무 위탁을 적극 활용하라

정규직보다 외주가 더 유리한 이유

회사가 아직 작은 단계에서 회계, 영업, 홈페이지 제작 등 여러 업무를 담당할 직원을 한꺼번에 채용하는 것은 큰 부담일 것입니다. 우선 정규직 채용 공고를 내고 지원자를 받고 면접을 진행하는 등 채용 활동부터 시작해야 합니다. 게다가 정규직은 한 번 채용하면 쉽게 해고할 수 없고, 매달 고정급을 계속 지급해야 합니다. 또한 사람마다 업무 능력 차이가 크기 때문에 기대에 미치지 못하는 경우도 발생합니다.

이럴 때 활용할 수 있는 방법이 바로 업무 위탁(외주)입니다. 회계나 영업 업무는 전문 업체에 맡길 수 있으며, 홈페이지 제작 역시 전문 회사나 프리랜서에게 의뢰할 수 있습니다. 업무 위탁을 활용하면 정규직을 채용하는 것보다 비용 부담이 낮고, 결과물이 기대에 미치지 못했을 때는 조정하거나 변경하기도 쉽습니다.

또한 독립적으로 활동하는 위탁 업체는 이미 해당 분야의 전문성을 갖춘 경우가 많아 일을 불성실하게 처리할 가능성이 매우 낮으며, 신뢰할 수 있는 파트너 관계를 형성하는 데 유리합니다.

따라서 **각 부서별로 정규직을 바로 채용하기보다는, 회사가 성장할 때까지는 업무 위탁을 적극적으로 활용하는 것이 훨씬 현명한 방식이라고 할 수 있습니다.**

사람을 고용하는 것은 리스크가 있다

회사를 운영하려면 직원이 필요하다

회사가 작은 상태에서
정규직을 고용하는 것은
리스크가 크다.

- 고정급이 발생한다.
- 직원의 역량이 기대에
  미치지 않을 수 있다.
- 채용 활동을 해야 한다.
- 해고하기 어렵다.

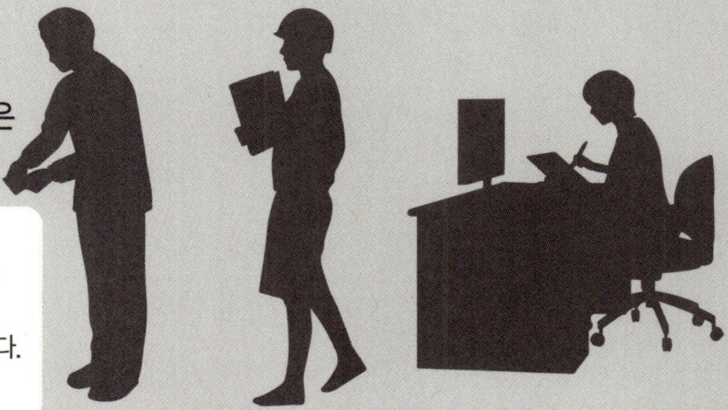

각 부문에 처음부터 직원을 채용하기보다는
회사가 커질 때까지는 업무 위탁(외주)을 활용한다.

예를 들어……

독립적으로 운영하는 업체나 프리랜서는
각 분야에서 전문성을 갖추고 있어
믿고 맡길 수 있다.

- 정규직을 채용하는 것보다 더 적은 비용으로 일을 맡길 수 있다.
- 위탁한 업무 내용이 만족스럽지 않다면 계약을 해지할 수도 있다.

회사가 커질 때까지는 외주를
적극적으로 활용하는 것이 좋다.

10 회사를 알리는 SNS를 시작하라

SNS는 회사 경영의 가장 강력한 무기

요즘 시대에는 대표가 자신의 생각과 메시지를 SNS를 통해 드러내지 않으면 여러모로 불리한 상황에 놓이기 쉽습니다. 예를 들어, 어떤 회사에 입사하고 싶다고 생각했을 때, 회사 정보뿐 아니라 대표가 어떤 사람인지 찾아보게 되지 않나요? 이때 사람들은 자연스럽게 회사의 대표가 어떤 메시지를 전하고 있는지, 어떤 가치관을 가지고 있는지 함께 살펴보게 됩니다. 결국 대표의 SNS는 회사의 얼굴이자 신뢰를 형성하는 가장 중요한 창구입니다.

또한 요즘은 SNS를 통해 일을 확보하는 것이 당연해졌기 때문에 SNS를 전혀 활용하지 않는다면 거래나 채용 측면에서 '이 회사 괜찮을까?'라는 의문을 불러일으킬 가능성이 높습니다.

어떤 SNS 플랫폼을 우선적으로 활용해야 하는지는 업종에 따라 다르지만, 일반적으로는 유튜브가 가장 중요합니다. 패션이나 외식업 분야라면 인스타그램이 영향력이 크고, X(구 트위터)는 텍스트 중심이라 상대적으로 부담이 적으면서도, 한 번 유행하면 수만 명, 수십만 명이 순식간에 볼 수 있다는 점에서 매우 효과적인 플랫폼입니다. 틱톡은 우선순위는 낮지만, 틱톡용으로 만든 영상을 다른 SNS에 재활용할 수 있다는 장점이 있습니다.

만약 지금까지 회사에서 개인 SNS 사용이 제한되어 있었다면, 창업 후에는 회사 SNS뿐만 아니라 개인 SNS도 바로 시작해 보시기를 강력히 추천합니다.

대표 본인의 SNS가 없으면 여러 측면에서 불리하다

유튜브

폭넓은 사용자에게
영상으로 정보를
전달할 수 있다.

인스타그램

이미지와 영상으로
젊은 세대에게
전달할 수 있다.

틱톡

짧은 영상에
특화되어 있으며,
특히 10대에게 인기 있다.

대표 스스로 정보를
전달하는 것이
당연한 시대가 되었다.

X

전달한 정보가
쉽게 확산된다.

페이스북

타깃 설정이 용이하다.

모든 순간마다
어떤 발언을 하는지,
어떤 생각을 가지고 있는지
감시당하고 있다.

창업을 고려하는 사람이라면
SNS를 지금 바로 시작해야 한다!

11 SNS 활용이 성공을 좌우한다

SNS는 광고비가 들지 않는다

SNS 활용이 성공의 핵심이 되는 이유는 단순합니다. SNS를 효과적으로 활용하면 자연스럽게 일거리가 늘고, 발주 요청이 꾸준히 들어오기 때문입니다. 무엇보다 SNS는 무료로 사용할 수 있어 광고비를 들일 필요도 없습니다.

예를 들어 검색 광고(리스팅 광고)를 진행할 때 클릭 한 번당 5,000원이 든다고 가정할 때, 1만 명에게 광고를 노출하려면 약 5천만 원이 필요합니다. 하지만 트위터에 글을 올려 그 글을 1만 명이 본다면, 광고비 0원으로 동일한 효과를 보는 셈입니다. 게다가 글이 확산되면 1만 명 이상에게 노출될 가능성도 충분히 있습니다.

회사 규모가 작을 때는 비용 부담 때문에 광고를 집행하기가 어렵습니다. 영업할 수 있는 인력이나 시간도 한정되어 있기 때문에 SNS를 적극적으로 활용하는 것이 중요합니다.

다만 최근에는 많은 기업과 경영자들이 SNS를 활용하기 시작하면서 예전처럼 빠르게 영향력을 넓히기가 쉽지 않은 환경이 되었습니다. 따라서 우선은 사람들이 궁금해 할 만한 정보, 본인이 가진 업계 지식 등 유용한 내용을 꾸준히 공유하면서 신뢰를 쌓고 팔로워를 모으는 방식이 효과적입니다. SNS에서 존재감을 넓히고 싶다면, 비용 없이 참여할 수 있는 창업 관련 유튜브 채널 등에 출연하는 것도 매우 유효한 전략입니다.

회사 규모가 작을 때는
광고를 진행하기가 쉽지 않으므로
SNS를 적극적으로 활용해야 한다.

검색 광고

예 한 번 클릭할 때마다 발생하는 비용이 5,000원
이라고 가정할 때, 1만 명에게 노출하려면……

5,000원 × 1만 명 = 5,000만 원 필요

**광고를 확실하게 노출하는 방법도 있지만,
막대한 광고비가 들어간다.**

X

예 계정에 게시물을 올리는 것은 비용이 0원이다.
1만 명이 볼 수 있을지는 알 수 없지만……

0원 × ?명 = 0원

**게시물을 몇 명이 보게 될지는 알 수 없지만,
광고비 없이도 정보를 널리 알릴 수 있다.**

**SNS는 누구나 활용하는 도구가 되었기 때문에
예전처럼 성장하기 어려운 시대가 된 것도 사실이다.**

단돈 300만 원으로 시작해 연 매출 1,300억 원 기업이 되기까지

저는 처음부터 다케다 학원을 바로 창업한 것이 아니라 초기 비용이 거의 들지 않는 사업부터 시작해 천천히 기반을 다져 나갔습니다. 사실은 처음부터 제 생각을 담은 학원을 만들고 싶었지만, 사업 자금이 전혀 없었기 때문에 우선 '방문 교사 연결 서비스'를 시작했습니다. 1년 동안 열심히 노력해서 학생 수를 늘려나갔고, 적지 않은 자금을 모을 수 있었습니다. 그 과정에서 운영하던 블로그가 인기를 얻은 덕분에 다케다 학원을 오픈할 수 있었습니다.

그러나 오차노미즈와 이치카와 지역 두 곳의 학원을 운영하며 최선을 다했는데도 좀처럼 성장이 이루어지지 않았고, 그렇게 8년이 흘렀습니다.

전환점은 창업 8년 후에 찾아왔습니다. 다케다 학원을 프랜차이즈로 운영하고 싶다는 분이 나타난 것입니다. 그래서 프랜차이즈 전문가인 다케무라 요시히로 씨가 조언해 준 대로 시험 삼아 프랜차이즈화해 보았고, 그 결정이 큰 변화를 가져왔습니다. 8년 동안 직영점 두 곳에서 연 매출 10억 원에 머물던 다케다 학원이, 그 후 8년 만에 전국 400개 가맹점을 갖춘 연 매출 1,000억 원 규모로 성장했습니다.

지금은 연 매출이 약 1,300억 원 정도가 되었습니다. 돌이켜보면 인생은 정말 어떻게 될지 모른다는 것을 새삼 깊이 느끼게 됩니다.

제 2 장

재직 중 & 창업 전에
반드시 준비해야 할 것들

01 큰돈을 쓰기 전에, 사업성을 검증하라

작게 실험해보고, 일의 가치를 확인하자

사업성 여부는 예를 들어 웹사이트 제작 회사를 창업하려고 할 때를 생각해 보면 이해하기 쉽습니다. 먼저 친구나 지인의 웹사이트를 만들어 보며 내가 제공하는 서비스가 시장에서 정당한 보수를 받을 수 있는지를 실험해 보는 것입니다.

이처럼 **자신의 서비스가 실제 사업으로 성립할 수 있는지 작은 규모로 실험해 보는 과정이 매우 중요합니다. 만약 그 서비스가 충분한 가치를 갖고 있다면, 고객은 자연스럽게 "이 정도라면 월 100만 원이든 200만 원이든 지불하겠다"는 반응을 보일 것입니다.**

다케다 학원 역시 처음부터 수천만 원을 투자할 초기 자금이 전혀 없었기 때문에 실험적으로 개인 과외 활동부터 시작했습니다. 그 결과가 좋았기에 이후 학원을 설립할 수 있었던 것입니다. 즉, **본격적인 창업에 앞서 작은 실험으로 시장의 반응을 확인하는 단계가 먼저 필요합니다.**

최근에는 흥미로운 사례도 등장했는데, '스톡선(StockSun)'이라는 회사가 제공하는 B2B(기업 간 거래) 영업 지원 서비스가 대표적입니다. 이 서비스는 기업 대신 전화 영업, 문의 메일 대응 등 아웃바운드 영업을 정액제로 수행해 주며, 직접 영업 인력을 운영하기 어려운 기업을 돕는 모델입니다. 많은 기업이 실제로는 문의 수요를 충분히 발굴하지 못하고 있다는 점을 발견하고 자신의 문의 리스트에 전화를 걸어 계약으로 이어지는지 실험해본 것입니다. 결과가 좋자 이를 정식 서비스로 발전시켰고, 현재는 상당히 호조를 보이는 것으로 알려져 있습니다. 이 또한 작은 실험에서 시작된 사례입니다.

좋은 서비스가 떠올랐더라도
바로 돈을 빌려 창업하는 것은
리스크가 크다.

창업 전, 사업성을 실험해 본다

지인 회사의
웹사이트를 제작하여
평가를 받아보자.

정당한 보수를 받을 수 있는지
확인하고 나서 창업하는 것이 좋다.

제공하려는 서비스가 있다면,
먼저 친구를 대상으로 시도해 보자.

코드를 쓰기 전에, 사업성을 검증하라

02 언제든 함께 일할 수 있는 관계를 구축하라

유능하다면 반드시 기회가 온다

사업성을 실험해 보고 안정적으로 발주해주는 곳을 찾을 수 있다면 안심할 수 있습니다. 설령 그렇게 되지 않더라도, 절반은 그 회사에 소속되어 있는 것과 같은 형태로, 반독립적인 방식으로 일할 수도 있습니다. 예를 들어, 일주일 중 3일은 그 지인의 회사에서, 나머지 4일은 창업을 위해 사용하는 식으로 조정하는 것도 가능할 것입니다.

또한, 업무 위탁 형태로 일을 받을 가능성도 있습니다. **애초에 독립할 수 있을 정도로 유능한 사람이라면, "주 3일이라도 좋으니, 정직원으로 일해 달라"는 식으로 귀중한 인재로서 대우 받을 것입니다.** 만약 이런 제안조차 없다면, 자신의 실력이 아직 부족할 가능성도 있으므로 독립 전에 좀 더 실력을 기르거나 인맥을 넓히는 것이 좋습니다.

창업하기 전 근무하던 회사와의 관계도 매우 중요합니다. 퇴사하더라도 몇 달 전부터 미리 알리는 것과, 한 달 전 갑작스럽게 알리는 것은 인상이 완전히 달라집니다. 업무 인수인계를 철저히 하는 것도 중요합니다. 즉, 다툼 없이 원만하게 퇴사하는 것이 핵심입니다. 아울러 창업 후에도 이전 회사에 소개할 만한 일이 있다면 적극적으로 연결해 주는 등, 우호적인 관계를 구축해 두어야 합니다.

자신이 필요한 인재인지 확인하는 것이 중요하다

독립할 정도로 유능한 사람이라면,
"주 3일만이라도 우리 회사에서 일해달라"며
붙잡으려 할 것이다.

반쯤 독립한 형태로 일하는 것도 가능

만약 그런 제안이 없다면,
아직 역량이 부족한 것은 아닐까?

언제든 함께 일할 수 있는 관계를 구축하라

03 신규 사업, 먼저 믿을 만한 동료에게 알려라

제공할 서비스에 대해 주변 의견을 들어보자!

지금까지 해온 일과 완전히 다른 업계로 뛰어들어 창업하는 경우는 흔치 않습니다. IT 업계에서 일했는데 교육 업계로 넘어가 창업하는 식입니다. 물론 불가능한 일은 아니지만, 일반적으로는 기존에 종사하던 업계에서 독립하는 경우가 훨씬 많습니다.

그렇다면 창업을 준비할 때 먼저 **같은 업계 사람들에게 "이런 서비스로 독립하려고 하는데, 어떻게 생각해?"라고 자연스럽게 물어보며, 구상 중인 서비스가 시장에서 통할 만한지 판단해 보세요.** "그거 괜찮다"라는 반응이 나온다면, 창업 이후 실제 발주로도 이어질 수 있습니다.

다만, 이전 회사와 매우 유사한 서비스를 하려는 경우라면 기존 거래처와 겹쳐 문제가 발생할 수 있으므로 특히 주의해야 합니다.

한편, 아이디어가 뛰어날수록 일반적인 지인에게는 설명이 잘 전달되지 않거나 이해받지 못할 가능성이 있습니다. 그렇기 때문에 더욱 능력 있는 사람에게 먼저 평가를 받는 것이 중요합니다. 다소 직설적으로 들릴 수 있지만, 평범한 친구나 동료는 새로운 사업 아이디어가 성공할지 아닐지를 정확히 판단하지 못할 가능성이 큽니다. 따라서 누구에게 상담할지를 신중하게 선택하는 과정이 창업 준비에서 매우 중요한 단계입니다.

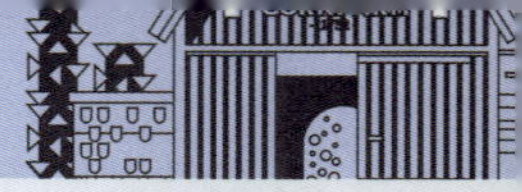

아이디어, 먼저 검증하라!

창업을 고려 중인 서비스에 대해
같은 업계에 있는 주변 사람들에게 물어보자!

이야기해 보면 실제 거래로 이어질 가능성도 있지만, 이전 회사와 유사한 서비스로 창업할 경우 거래처가 겹칠 수 있으므로 주의해야 한다.

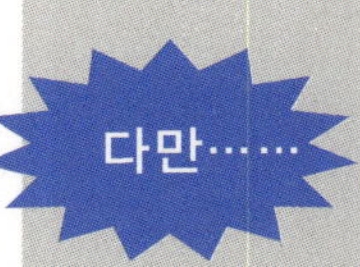

정말 뛰어난 아이디어라면,
주변에서 이해하지 못할 수도 있으니
탁월한 판단력을 가진 사람에게 상담하여
제대로 된 평가를 받아야 한다.

누구에게 상담하고 판단을 구할지는 매우 어려운
문제이므로 신중하게 고민하고 결정해야 한다!

신규사업, 먼저 만들 만한 동료에게 알려라

04 누구나 이해할 수 있는 사업 모델을 만들어라

한눈에 들어오는 문구를 준비하자

'일본 최초! 강의를 하지 않는 다케다 학원', '연 매출 10억 원, 2개 분점에서 프랜차이즈화 8년 만에 400개 가맹점, 연 매출 1,000억 원 달성!' 어떻습니까? 꽤나 임팩트 있고 알기 쉽지 않나요? 이처럼 **자신의 사업을 설명할 때 핵심 내용을 이해하기 쉽게 표현하는 능력은 매우 중요합니다.** 다케다 학원의 공부법도 제 경험을 바탕으로 한 방법을 어떻게 설명할지 미리 정해두었습니다.

그러므로 그것이 IT 기업이든, 비서 대행 서비스든, 혹은 제조업이든 상관없습니다. 중요한 것은 '무엇을 하는 회사인지' 누구나 단번에 이해할 만큼 명확하고 간결하게 설명할 수 있어야 한다는 점입니다.

물론 눈길을 사로잡는 문구를 만드는 일은 쉽지 않습니다. 혼자 고민해 보는 것도 좋지만, 직원이나 선배 창업자에게 조언을 구하는 것도 좋은 방법입니다. 동시에 **자신의 서비스나 상품을 스스로 열정적으로 설명할 수 있어야 합니다. 무엇이 특별한지, 어떤 가치를 제공하는지 짧고 인상적으로 전달해야 합니다.** 결국 사업 모델을 설명하는 문장은 간결하고 기억에 남으며, 서비스의 본질을 명확하게 드러내는 형태여야 합니다.

사업 내용을 한눈에 들어오게 전달하는 능력이 중요하다

서비스의 특징과 실적을
임팩트 있게 정리했기 때문에
이해하기 쉽고, 메시지가 명확하다.

사업에는 다양한 형태가 있지만,
자신의 서비스와 상품이 무엇인지 짧고
임팩트 있게 말할 수 있도록 준비해 두어야 한다!

05 내 회사를 이렇게 만들고 싶다는 목표 설정의 기술

세상의 공감을 얻을 수 있는 목표란 무엇인가?

회사를 운영하는 데 가장 중요한 것은 뚜렷한 비전입니다. 세상을 어떻게 바꾸고 싶은지, 어떤 문제를 해결하고 어떤 미래를 만들고 싶은지에 대한 생각이 창업의 출발점이 되어야 합니다. 이러한 근본적인 의지가 없다면 사람들의 마음을 움직일 수 없습니다.

또 하나 중요한 것은 **'회사가 잘 된다면 3년 뒤 어느 정도 규모로 성장해 있을지'를 미리 그려보는 일입니다.** 예를 들어 창업 첫해에 평판이 좋아 10개 업체와 계약했다고 가정해 봅시다. 어느 정도 예상되는 이익을 바탕으로 인력이나 설비, 매장에 얼만큼 투자할 수 있다는 계산이 나옵니다. 이를 토대로 '2년 차에는 30개 업체, 3년 차에는 100개 업체와 계약할 수 있겠다'라는 식으로 그려보는 것도 좋습니다. 이렇게 하면 '3년 뒤에는 연간 20억 원 정도의 이익이 예상되니 사무실을 더 넓혀도 되겠구나', '올해는 선술집에서 송년회를 하지만 내년에는 근사한 레스토랑에서 할 수 있겠지', '직원 여행도 3성급 호텔로 갈 수 있을까?' 같은 구체적인 비전을 그리기 쉽습니다.

이처럼 미래의 모습을 선명하게 그려두면 자신뿐 아니라 직원들도 동기부여를 가지고 업무에 임할 수 있습니다. **설령 계획대로 되지 않더라도 문제될 것은 없습니다. 그 시점에서 다시 '앞으로의 3년' 뒤를 고민해 나가면 됩니다.**

창업의 동기

- 현 사회에 어떤 문제나 과제가 존재하는가
- 그것을 어떻게 변화시키고 싶은가
- 어떤 사회를 실현하고 싶은가

회사로서의 사명과 존재 의의, 그리고 지향점을 명확히 한다.

이러한 전제가 바탕이 되지 않으면 누구에게도
진심이 전달되지 않는다.

3년 뒤, 사업이 잘 되었다면…

- 어느 정도의 사업 규모가 될 것인가
- 어느 정도의 수익을 창출할 것인가
- 사회가 어떻게 변화해 있을 것인가

회사가 얼마나 성장할지를 구체적으로 그려 본다.

3년 후를 내다본 계획을 세워보자.

> 회사가 가장 중요하게 여기는
> 가치관과 사고방식을 명확하게 제시해 둔다!

06 비용을 지불해서라도 유명 기업가를 찾아가라

조언은 성공한 사람에게 구하자

유명 기업가에게 직접 조언을 구하고 싶어도 사람들은 대부분 그런 인맥이 없을 것입니다. 하지만 의외로 쉽게 만날 방법이 있습니다.

예를 들어, 창업 관련 유튜브 채널에 출연하는 대표들이 운영하는 온라인 커뮤니티, 강의, 스터디 모임, 이벤트 등이 있습니다. 또한 비용은 들지만 '창업 멘토링 모임'에서 직접 만나는 방법도 있습니다. 창업 멘토링 모임은 10~20명 정도의 소규모로 진행되며, 유튜브 채널에 출연한 유명 기업가와 직접 대화를 나눌 기회를 제공합니다.

혼자 힘으로 해결하겠다며 1,000만 원, 2,000만 원을 투자하거나 3개월에서 반년을 허비하기보다는, 비용을 조금 들여서라도 짧은 시간만이라도 유명 기업가를 찾아가 "이런 사업을 구상하고 있는데 어떻게 생각하시나요?"라고 직접 의견을 구해보는 것이 좋습니다.

어느 정도 성공 궤도에 오른 사람에게 "그 아이디어는 괜찮다" 혹은 "그건 지금 유행하기 어려울 것 같다"라는 조언을 듣는 것만으로도 소중한 시간과 비용을 낭비하지 않을 수 있습니다. 이것만으로도 비용을 들여 전문가를 만나는 충분한 의미가 있습니다.

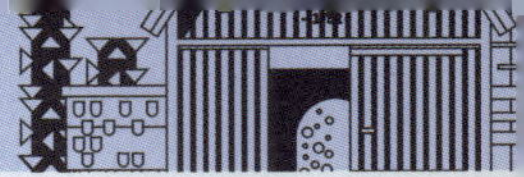

성공한 기업가를 만나는 건 생각보다 어렵지 않다

온라인 커뮤니티

이벤트

창업 멘토링 모임

유명 기업가가 주최하는 온라인 커뮤니티나 이벤트에 참여하여 자신의 사업 구상을 직접 설명하고 피드백을 받을 수 있습니다. 또한, 창업 멘토링 모임에서 개최하는 이벤트에 참여하면 직접 대화할 수 있는 기회가 있습니다.

다소 비용이 들더라도
유명한 기업가를 직접 찾아가
창업에 대한 조언을 구해보는 것이 좋다.

07 창업 전, 반드시 여러 장의 신용카드를 만들어라

신용카드는 만일의 상황에 대비한 보험이다

솔직히 말씀드리면, 저는 신용카드 돌려막기로 위기의 순간을 넘겼던 경험은 없지만, 주변 사람들에게서 신용카드가 급한 자금 운용에 큰 도움이 되었다는 사례를 종종 듣습니다.

창업 후에는 안정적인 수입이 없다고 판단하여 신용도가 낮아지는 등 여러 가지 요인 때문에 카드 발급이 어려운 경우가 있습니다. 그러므로 직장생활을 하며 안정적인 수입과 사회적 신용이 확보되어 있을 때, 미리 여러 장의 신용카드를 만들어두는 것이 좋습니다.

카드를 일정 부분 사용해 결제 실적을 쌓아두는 것도 중요합니다. 카드 사용 내역에는 개인 정보, 계약 내용, 결제 실적 등이 기록되어 있어, 이런 실적이 있으면 나중에 카드 심사를 통과하기 훨씬 수월해집니다. 반대로 결제를 늦게 하거나 연체가 발생하면 그 기록 또한 남아 심사에 불리하게 작용할 수 있으므로 주의해야 합니다.

창업 후 자금 운용은 생각보다 훨씬 중요합니다. 개인 생활비가 잠시 빠듯해지는 순간에도 카드의 현금 서비스 한도가 큰 도움이 될 때가 있습니다. 그런 점에서 여러 장의 카드를 미리 확보해 두는 것은 결코 손해가 아니라, 위험을 줄이는 하나의 안전장치입니다.

창업 후에는 신용도나 소득 안정성 등의 이유로
신용카드를 새로 만들지 못할 수도 있다.

신용카드 심사는 안정적인 수입, 카드 결제 이력, 연체나 금융 사고 등 신용 정보, 파산 여부, 보유 카드 개수 등을 종합적으로 고려한다. 따라서 수입이 불규칙한 창업 직후에는 신용카드 심사 통과가 어려울 수 있다.

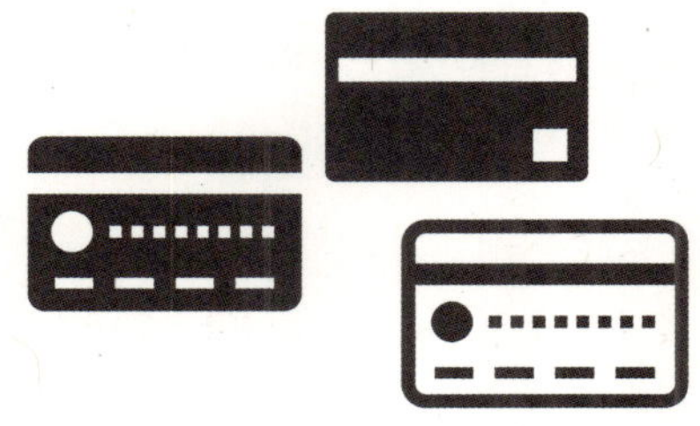

창업하기 전에
신용카드를 여러 장
만들어 둔다.

자금 융통이나 생활비가 부족할 때, 신용카드의
**200만 원~500만 원 정도의 현금 서비스 덕분에
큰 위기를 넘겼다는 사례는 업계에서 흔한 일이다.**

신용카드는 발급이 가능할 때
미리 만들어두는 것이 좋다.

08 창업 전에 지방 은행과 신용금고에 개인 계좌를 만들어라

신뢰는 작은 거래부터 시작된다

창업 직후에는 돈을 빌려주는 기관이 많지 않습니다. 정부에서 지원하는 창업 자금 제도를 활용할 수는 있지만, 일반 시중은행은 창업 초기 기업에 쉽게 대출을 해주지 않습니다. 그래서 정부 기관의 지원과 별개로 지방은행이나 신용금고와의 관계를 가능한 한 빨리 만들어두는 것이 좋습니다. 가장 좋은 방법은 창업 전에 개인 계좌를 개설해 미리 거래를 시작해 두는 것입니다.

지방 은행이나 신용금고에서는 처음에 수천만 원 규모의 대출을 받은 뒤 이를 정확하게 상환하는 과정에서 신뢰가 쌓입니다. 예를 들어 3천만 원을 빌려 문제없이 갚았다면 다음에는 5천만 원, 그다음에는 1억 원까지 대출이 가능한 고객으로 평가받습니다. 이렇게 대출 한도가 조금씩 늘어나는 과정이 금융기관과의 신뢰가 구축되는 방식입니다.

가장 중요한 것은 '빌린 돈을 정확하게 상환한 기록'을 만드는 일입니다. 지방 은행이나 신용금고를 통해 대출을 받을 수 있다면, 창업 직후라도 바로 거래를 시작해 신용을 확보해 두는 것이 향후 자금 조달에 큰 도움이 됩니다.

빌린 돈을 성실히 상환해온 실적이 무엇보다 중요하다

처음부터 큰 금액을 대출받기는 어렵다.

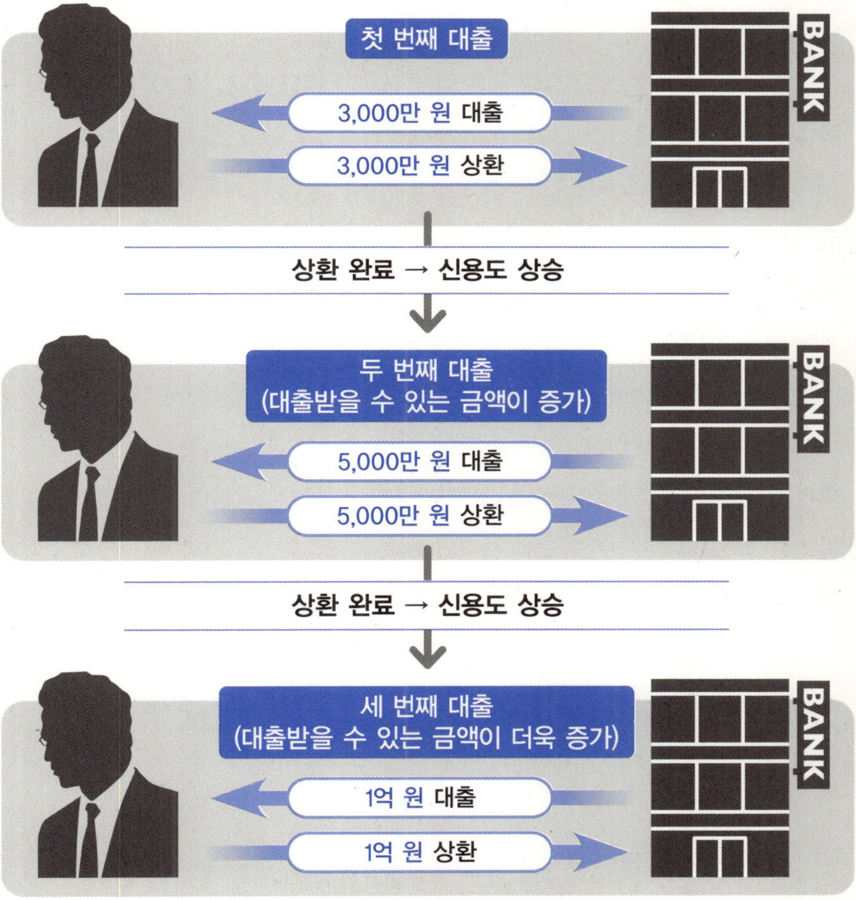

상환 완료 → 신용도 상승

상환 완료 → 신용도 상승

지방 은행이나 신용금고와의 거래는
가능한 한 일찍 시작하는 것이 좋다.

창업 전에 지방 은행과 신용금고에 개인 계좌를 만들어라

09 사업에 필요한 거래처는 미리 정해둔다

한 걸음 앞을 예상하며 계획을 세우자

창업을 했다면 사업을 어떻게 운영할지, 무엇이 필요한지를 미리 구체적으로 그려보고 준비하는 것이 중요합니다. 일을 시작한 뒤에 하나씩 고민할 수도 있지만, 사업의 속도를 높이려면 다음 단계에서 무엇을 할지, 어떤 절차로 진행할지를 사전에 계획하고 점검하는 과정이 꼭 필요합니다.

예를 들어 학원을 창업한다면, 학생 모집을 위한 신청서와 계약서, 운영 규약 같은 기본 서류를 미리 준비해야 합니다. 또한 수강료를 받기 위해 신용카드·자동이체·간편결제 등 다양한 결제 수단을 확보해 두는 것이 좋습니다. 학생 정보를 체계적으로 관리하고 지도 품질을 높이기 위해 '지도 보고서'와 같은 내부 문서도 미리 마련하면 도움이 됩니다. 이처럼 사업 전체 흐름을 먼저 그려보면, 준비해야 할 항목들이 자연스럽게 드러납니다.

과감하게 같은 업종의 다른 사업자에게 운영에 필요한 것들을 직접 물어보는 것도 좋은 방법입니다. 예를 들어 대학 입시 학원을 차릴 계획이라면 직접적인 경쟁 관계가 아닌 초·중등 대상 학원 원장에게 실무적인 조언을 얻을 수 있습니다.

사업을 한 단계 성장시키는 힘은 철저한 사전 준비에서 나옵니다. 창업 전에 충분히 고민하고 필요한 요소들을 정리해 두면, 이후 운영 속도와 완성도는 확연히 달라집니다.

활용할 수 있는 모든 수단은 미리 활용하는 것이 좋다

실제로 창업하게 되었을 때
무엇이 필요하게 될지를
미리 생각하고 준비해 두어야 한다.

예 학원을 창업할 때 미리 준비해야 할 것들

운영·관리	결제 방법	필요 서류
● 신청서 ● 계약서 ● 이용 약관 등	● 신용카드 결제 ● 계좌 자동이체 ● 간편결제(카카오페이, 네이버페이 등)	● 개인정보 관리 ● 학생 관리 ● 지도 보고서 등

같은 업종 업체라도
고객층이 겹치지 않는다면
필요한 정보를 알려주는 경우가 많다.

> 사업의 흐름을 생각해 보면
> 필요한 것이 보이기 마련이다.

창업을 결심하게 된 계기는
학원에 대한 실망과 분노

저는 2004년 12월 4일, 대학교 1학년 때 아르바이트로 모은 300만 원으로 회사를 세웠습니다. 벌써 20년 전 일이지만, 그때의 선택은 제 인생을 바꾸었습니다.

제가 창업을 결심한 이유는 사교육 업계의 문제 때문이었습니다. 학원의 거짓된 합격 실적에 속아 피해를 보는 수험생이 너무 많았고, 아무리 많은 강의를 들어도 성적이 오르지 않는 구조를 바로잡고 싶었습니다. 당시 대부분의 입시 학원은 합격 실적을 높이기 위해 성적이 좋은 학생에게는 무료로 다니게 하고, 성적이 좋지 않은 학생에게는 수업료를 받아 운영했습니다.

수업은 대부분 수십 명을 모아 진행하는 단체 수업이었고, '한 과목당 얼마'라는 방식으로 과목을 많이 수강할수록 수익이 늘어나는 구조였습니다. 학원 측은 자연스럽게 학생들에게 가능한 한 많은 강의를 등록하도록 유도했습니다.

즉, 학생이 수업 내용을 제대로 이해했는지, 성적이 오르고 있는지와는 상관없이 무조건 수업료가 발생하는 구조입니다. 저는 이 시스템이 잘못되었다고 생각했습니다. 왜냐하면 저 역시 4년 동안 입시 학원을 다녔지만, 성적이 전혀 오르지 않았기 때문입니다. 그리고 이 경험이 바로 '다케다 학원'을 창업하게 된 계기가 되었습니다.

제 3 장

실제로 회사를 설립해 보자

01 자본금이란 무엇일까?

자본금의 액수는 크게 신경 쓰지 않아도 된다

'자본금'이라는 말을 들어본 적은 많지만, 정확한 의미를 알고 있는 분은 많지 않을 것입니다. 사실 저 역시 처음에는 자본금이 무엇을 뜻하는지 명확히 이해하지 못했습니다. 간단히 말하자면, 자본금은 **회사를 운영하기 위한 기본 자금, 즉 사업을 진행하며 자유롭게 사용할 수 있는 돈**을 의미합니다.

저는 오랫동안 비교적 적은 자본금으로 회사를 운영해 왔습니다. 예를 들어, 제가 운영했던 다케다 학원은 '주식회사 에이버(A.ver)'라는 법인이었는데, 연 매출이 1,000억 원을 넘는 회사로 성장한 후에도 자본금은 5천만 원에서 1억 원 사이에 불과했습니다. 주변에서 "자본금이 너무 적은 것 아니냐"는 말을 들은 적도 있었지만 실제 운영에서는 큰 문제가 되지 않았습니다. 대표가 회사에 1억 원을 빌려주면, 그만큼이 그대로 운영자금으로 활용될 수 있기 때문입니다. 결국 회사를 설립한 뒤 이익을 내고, 그 이익으로 회사가 굴러간다면 자본금이 많지 않아도 충분히 경영할 수 있습니다. 그래서 저는 자본금의 액수에 대해 크게 신경 쓰지 않았습니다.

물론 대기업의 경우는 상황이 다를 수 있습니다. 그러나 적어도 제가 경험한 범위에서는 자본금이 적다는 이유로 경영이 어려웠던 적은 없었습니다. **다만 최근에는 자본금이 지나치게 적을 경우, 회사 설립 목적이 불명확하거나 범죄에 악용될 가능성이 있다는 이유로 법인 계좌 개설이 거절되는 사례가 늘고 있습니다. 법인 계좌가 없어도 회사를 운영할 수는 있지만, 지나치게 적은 자본금으로 설립하는 것은 피하는 편이 좋습니다.**

자본금의 구조

사업을 운영하기 위한 기초 자금 = 자본금

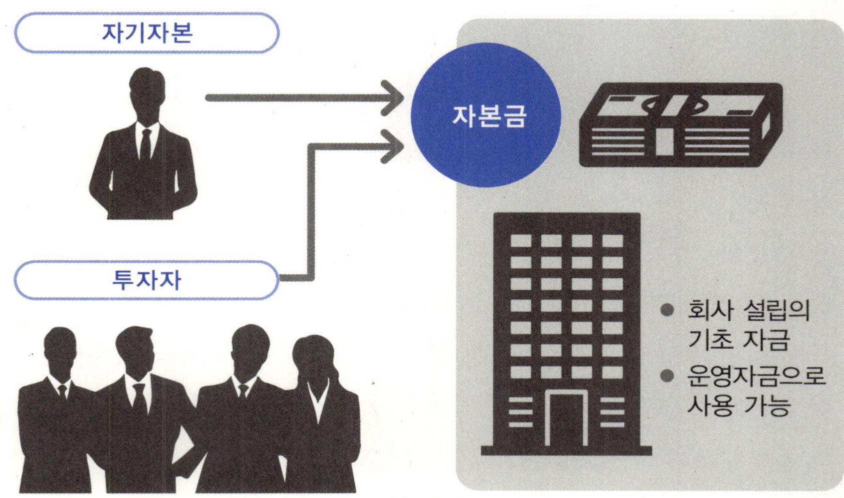

자본금을 크게 설정했을 때의 장점과 단점

장점

- 회사의 신용이 높아진다.
- 대출을 받기 쉬워진다.
- 인재 채용이 용이하다.
- 사업 확장이 수월하다.

단점

- 회사 설립 비용이 많이 든다.
- 법인세 부담이 늘어난다.
- 자본금이 1억 원 이상이면 소비세 과세 대상 사업자가 된다.

자본금을 결정하는 기준에는 여러 가지가 있지만,
자본금이 없어도 충분히 진행할 수 있으므로
그다지 신경 쓰지 않아도 된다.

02 회사를 설립할 때 자금은 얼마나 필요할까?

처음에는 자본이 거의 들지 않는 사업부터 시작하는 것이 좋다

회사를 설립할 때 필요한 자금은 업종에 따라 다르고, 매장을 운영하느냐에 따라서도 크게 달라집니다. 예를 들어 처음부터 오프라인 매장을 열 계획이라면 최소 1억 원 정도는 필요할 수 있습니다.

또한 어느 정도의 자금 손실을 감당할 수 있는지도 매우 중요합니다. 예를 들어 300만 원으로 시작했다면 손실이 300만 원을 넘어서는 안 됩니다. 따라서 불필요한 비용이 새지 않도록 사업을 운영하고, 자본을 효율적으로 활용해야 합니다. 즉, 어느 수준까지 손실을 감수할 수 있는지 미리 계산해 두는 것이 좋습니다. 기본적으로는 초기 비용이 거의 들지 않는 사업부터 시작하는 것을 추천합니다.

하지만 자본이 거의 들지 않는 사업에는 분명한 한계도 있습니다. 누구나 쉽게 시작할 수 있다는 점입니다. 예를 들어 무재고 온라인 쇼핑몰은 특별한 준비나 자본 없이도 시작할 수 있지만, 그만큼 경쟁이 치열해 사업으로서의 경쟁력은 상대적으로 약한 편입니다.

반대로 대형 프랜차이즈 커피 전문점은 한 매장을 열기 위한 비용만 약 10억 원에 이릅니다. 투자 규모가 큰 만큼 도로변에 넓은 주차장을 갖춘 대형 매장을 마련할 수 있고, 브랜드 인지도와 시설 수준에서도 이미 뚜렷한 진입 장벽이 형성됩니다. 바로 이런 점들이 사업의 강점으로 작용합니다.

다케다 학원은
300만 원으로 시작

매장을 차릴 경우
1억 원 이상 필요

회사를 설립할 때
얼마나 많은
현금이 필요할지는
업종에 따라
달라진다.

자본보다 손실이 커지지 않도록
늘 비용을 최소화하며 사업을 진행하자!

광고는 SNS 게시
(28쪽 참고)

정규직이 아닌 외주 계약
(24쪽 참고)

처음에는 자본이 들지 않는 사업을 시작하는 것이 좋지만
치명적인 단점이 존재한다.

자본이 많이 드는 사업

예 인기 대형 프랜차이즈 카페의
가맹점을 열려면 약 10억 원의
자금이 필요하다.

아무나 할 수 있는 것이 아니므로
비즈니스로서 경쟁력이 있다.

자본이 거의 들지 않는 사업

예 무재고 온라인 쇼핑몰 등 집에
서도 시작할 수 있고, 초기 자
본도 거의 들지 않는다.

누구나 할 수 있는 일이기에
비즈니스로서의 경쟁력이 약하다.

03 사업, 어떤 형태로 시작할 것인가

창업 형태 중 가장 보편적인 선택, 주식회사

창업할 때는 법인을 설립할지, 아니면 개인사업자로 시작할지를 선택할 수 있습니다. 법인이란 법적으로 사람과 동일한 권리와 의무를 인정받은 조직을 만들어 사업을 운영하는 형태를 말하며, 개인사업자는 말 그대로 개인이 자신의 이름으로 사업을 운영하는 방식입니다.

이익을 목적으로 하는 법인은 영리법인이라고 하며, 주식회사·합명회사·합자회사·유한책임회사 등 네 가지 형태가 있습니다. 각각 특징이 달라 어떤 방식을 선택할지 고민될 수 있지만, 일반적으로는 주식회사 형태를 선택합니다.

그 이유는 간단합니다. **주식회사에 입사하거나 주식회사와 거래하는 것에는 많은 사람들에게 신뢰감을 주지만, 개인사업자 밑에서 일하거나 개인사업자와 거래한다고 하면 아무래도 불안감을 느끼는 경우가 많기 때문입니다.**

요즘은 크게 신경 쓰지 않는 사람들도 있지만 창업 후 인재 채용이나 비즈니스 거래를 고려하면, 신뢰도가 높은 주식회사 형태로 시작하는 것이 현명한 선택입니다.

주식회사와 개인사업자는 세제 혜택에 차이가 있으므로, '이익이 일정 금액 이하일 때는 개인사업자가 유리하다'는 말도 있지만, 종합적으로 고려하면 주식회사로 시작하는 편이 더 안정적입니다.

개인사업자와 법인은 어떻게 다를까

개인사업자	법인

- 법인을 설립하지 않고 개인이 직접 사업을 운영하는 형태이다.
- 별다른 절차가 필요 없으며, 당일 바로 개업할 수 있다.

- 법적으로 별도의 인격체를 만들어 그곳에서 사업을 운영하는 형태이다.
- 등기나 정관 작성 등 정해진 절차가 필요하다.

개인사업자와 법인(합동회사·주식회사)의 주요 차이점

	개인사업자	법인	
		유한책임회사	주식회사
사업의 주체	개인	법인	법인
등기	불필요	필요	필요
설립 비용	없음	약 100만	약 220만 원 이상
설립 기간	즉시	2~3주	3~4주
출자자의 책임	무한 책임	유한 책임	유한 책임
출자 금액	–	1원 이상	1원 이상
대표자의 직함	–	대표사원	대표이사
임원	없음	없음	1인 이상
결산일	연말	임의	임의
회계 처리	단식부기·복식부기	복식부기	복식부기
확정 신고	필요함	필요함	필요함
신용도	낮음	다소 낮음	높음
융자	받기 어려움	다소 받기 어려움	받기 쉬움

각각의 장단점이 있지만, 신뢰도를 고려한다면
주식회사를 선택해야 한다.

사업, 어떤 형태로 시작할 것인가

04 창업의 첫걸음, 회사 설립 등기

창업의 출발점, 나만의 회사를 세우는 과정

주식회사를 설립하는 기본 흐름은 먼저 회사의 핵심 사항을 결정하고, 필요 서류 작성, 자본금과 인감 준비, 그리고 관할 등기소에 회사 설립 등기를 신청하는 순서로 진행됩니다.

구체적으로는 가장 먼저 회사명, 사업 목적, 자본금 규모, 회계 마감 월 등 기본적인 개요를 정합니다. 개요가 정해지면 '정관'을 작성합니다. 정관은 회사명(상호), 사업 내용, 주소지 등의 기본 정보와 경영 원칙과 규칙을 담은 문서로, '회사의 헌법'이라고 불릴 만큼 매우 중요합니다.

정관을 공증받으면, 등기신청서와 법인용 인감, 자본금 납입 증명서 등 등기에 필요한 서류를 갖추어 등기소에 제출합니다. 이 과정에서는 등록면허세를 포함하여 약 200만 원 정도의 비용이 듭니다.

등기가 완료되면 등기사항증명서를 발급받아 법인 계좌 개설, 인감증명서 발급, 세무서 등 관련 기관에 필요한 서류를 제출하면 회사 설립 절차가 마무리됩니다.

등기소에서 자신만의 주식회사를 만드는 일이 창업의 첫걸음입니다. 하지만 등기가 끝났다고 창업이 완성되는 것은 아닙니다. 무엇보다 중요한 것은 매출을 올리는 일에 집중하고, 그 과정에서 필요한 실행을 꾸준히 이어가는 것입니다.

회사 설립 절차

① 회사 개요 결정

- 회사명
- 사업 목적
- 자본금 액수
- 발기인
- 발기인의 인감증명서
- 자금 조달 (필요한 경우)

② 등기 전 준비

- 정관 작성 및 공증
- 법인용 인감 준비
- 자본금 납입 / 납입증명서 발급
- 등기신청서 작성
- 등록면허세 수입인지 부착용 대지
- 등기사항 명세서
- 정관
- 이사 취임 승낙서
- 이사 인감증명서
- 인감신고서

③ 등기 신청

- 관할 등기소에 등기신청서와 필요한 서류를 제출

④ 회사 설립 후 절차

- 등기사항증명서 발급
- 인감증명서 발급
- 연금사무소, 세무서, 지방세과(지자체 세무 담당)에 필요 서류 제출
- 법인 계좌 개설
- 설립 과정에서 사용한 비용의 회계 처리

05 불안하다면 전문가에게 조언을 구하자

믿을 만한 조언은 가장 강력한 자산이 된다

회사를 설립할 때는 신뢰할 수 있는 경영자나 선배 기업가에게 고문을 부탁해 보세요. 회사 규모가 작을 때는 자금 사정이 넉넉지 않겠지만, 고문료로 50만 원이나 100만 원을 지불하더라도 필요할 때마다 조언을 들을 수 있는 사람을 두는 것은 큰 힘이 됩니다. 어쩌면 고문료를 받지 않고도 기꺼이 상담에 응해줄 사람을 만날 수도 있습니다.

창업 초기에는 회계 처리나 홈페이지 제작 등 여러 업무를 외주로 맡기는 경우가 많습니다. 하지만 막상 외주를 주려고 보면 어느 회사가 믿을 만한 곳인지 판단하기가 쉽지 않습니다. 믿을 만한 세무사나 변호사를 찾을 때도 마찬가지입니다.

이럴 때는 **고문을 맡아주는 선배에게 어떤 업체나 전문가에게 맡기는 것이 좋을지 물어보는 것도 좋은 방법입니다. 선배가 "이 회사가 괜찮아", "이 사람은 믿을 수 있어"라고 추천해 준 곳에 맡긴다면 실패할 일은 거의 없을 것입니다.**

저 역시 여러 기업의 고문을 맡고 있는데, 직접 협업해 보고 신뢰할 수 있다고 판단한 회사를 적극적으로 매칭해 주고 있으며, 덕분에 많은 분들이 높은 만족도를 보이고 있습니다.

고문을 잘 활용하자

신뢰할 수 있는 선배 기업가에게
고문 역할을 부탁하는 것이 좋다.

여러 가지 업무를 외주에 맡기게 된다면…

| 세무사 | 웹 제작 | 업무 위탁 |

어떤 회사에 의뢰해야 좋을지
판단하기가 어렵다.

회사를 운영 중인 선배 기업가에게
어느 업체에 맡기면 좋을지 물어보는 것이
가장 빠르고 확실한 방법이며,
신뢰할 만한 회사를 소개 받을 수 있다.

불안하다면 전문가에게 조언을 구하자

창업 아이디어에 대한 주변의 반응

창업할 때 주변 사람들의 반응을 균형 있게 판단하기란 쉽지 않습니다. 창업 아이디어를 이야기했을 때 모두가 "좋은데?"라고 칭찬만 한다면, 오히려 주의해야 할 신호일 수 있습니다. 누구나 좋다고 느낄 만한 아이템이라면, 이미 누군가가 하고 있을 가능성이 높기 때문입니다.

반대로 모두가 "그건 좀 아닌 것 같아…"라고 말한다면 어떨까요? 저의 경우, '일본 최초! 수업을 하지 않는 학원, 다케다 학원'이라는 콘셉트를 말했을 때 "정신 나간 거 아니야?", "이제 저출산·고령화 시대인데 지금 와서 학원을?", "앞으로는 IT 계열이 대세 아닐까?" 등 다양한 반응을 보였습니다. 게다가 처음에는 일본 대표 인터넷 커뮤니티 2채널(현 5채널)에서 학생을 모집했으니, 사람들은 제 아이디어를 전혀 이해하지 못했습니다.

그럼에도 다케다 학원은 성공했습니다. 즉, 모두가 안 될 거라고 말해도 성공할 수 있다는 뜻입니다. 물론 시대 흐름과 맞지 않아 실패할 가능성도 있으니, 무조건 반대 의견만 따라서는 안 됩니다.

결국 찬성이 지나쳐도, 반대가 지나쳐도, 그것만으로 성공 가능성을 완전히 판단할 수는 없습니다. 이 아이디어가 성공할지 아닐지에 대한 판단은 창업 경험이 있는 사람이나 경험 많은 기업가라면 어느 정도 가능할 수 있으므로, 가능하다면 그런 경험자들에게 조언을 구해볼 것을 추천합니다.

제 4 장

창업 후 가장 먼저 해야 할 일

01 자금 관리, 회사의 생존을 좌우한다

돈이 떨어지면 그 순간 끝이다

창업할 때 자금을 마련하는 방법은 앞서 '필요한 자금을 마련하는 방법(14쪽 참고)'에서 설명했듯이 정부 기관이나 은행, 지인, 가족이나 친구에게 빌리는 방법이 있고, 일정 기간 일을 하며 자금을 모은 뒤 창업하는 경우도 많습니다. 저 역시 그렇게 시작했습니다. 그리고 거듭 강조하지만, 가장 추천하는 방법은 초기 자금이 거의 들지 않는 사업부터 시작하는 것입니다. 어렵게 느껴질 수 있지만, 의외로 가능합니다. 저 또한 단돈 300만 원이라는 작은 자본으로 창업을 시작했습니다.

한편, **창업 후의 자금 운용도 미리 충분히 고민해 두어야 합니다.** 돈은 정말 중요합니다. **자금이 바닥나면, 회사는 문을 닫아야 합니다.** 게다가 이는 단순히 개인 문제에 그치지 않습니다. **거래처에 대금을 지급하지 못하거나, 직원에게 급여를 주지 못하게 된다면 심각한 문제가 발생할 수 있습니다. 상대방은 '언제 얼마를 받을 것인지'를 전제로 운영자금이나 생활비를 계획하기 때문에 그 약속이 지켜지지 않으면 큰 피해를 주게 됩니다.**

따라서 창업 초기에는 자금 사정이 빠듯하더라도, 최대한 현금을 보유하여 최소한 타인에게 피해가 가지 않도록 해야 합니다. **신뢰는 돈으로 살 수 없다**는 사실을 꼭 명심해야 합니다.

돈이 떨어지면 정말로 끝이다

주변에 피해를 주지 않는 것도 중요하다

창업 직후에는 자금 사정이 어렵기 마련이지만, 가능한 한 조금이라도 수중에 현금을 남겨두도록 해야 한다. 최악의 경우에는 가까운 지인에게 빌리더라도 신세를 지고 있는 분들에게는 반드시 대금을 지불해야 한다.

만약 자금이 부족해서
거래처나 직원, 아르바이트생에게
급여를 지급하지 못하게 된다면……

상대방도 돈을 받을 것으로 생각하고 계획을 세워두었기 때문에
신세를 지고 있는 이들에게 큰 피해를 주게 된다.

> 내 회사를 챙기는 것도 물론 중요하지만
> 도움을 받아온 사람들에게는
> 절대로 피해를 주지 않도록 해야 한다.

자금 관리, 회사의 생존을 좌우한다

02 돈 관리는 세무사에게 맡겨라

세무사는 재무 전문가다

회사의 자금 흐름을 제대로 관리하려면 해야 할 일이 매우 많습니다. 매월 수입과 지출을 정리해 재무 현황을 파악하는 월별 결산, 연말 결산, 회기 중 세금 납부, 원천징수 등 꼼꼼히 챙겨야 할 절차가 끝이 없습니다. 이를 모두 스스로 처리하는 것은 상당히 벅찬 일일 뿐만 아니라, **세무서 신고나 납부 과정에서 실수가 생기면 일이 복잡해지므로, 세무사에게 업무를 맡기는 것이 안전합니다**.

특히 중요한 것은 매달 재무 수치를 정확히 파악하는 것입니다. 현재 회사에 여유 자금이 있는지, 빠듯한지를 아는 것은 매우 중요합니다. 자금에 여유가 있으면 마음이 놓이기도 하지만, 반대로 세금이 발생하기 전에 서둘러 지출하지 않으면 손해를 볼 수도 있습니다.

예를 들어, 10억 원의 이익이 발생하면 약 35%인 3억 5천만 원 정도를 세금으로 내야 하므로 6억 5천만 원이 손에 남습니다. 만약 다음 회계연도에 6억 원을 사용할 계획이라면, 이번 회계연도 안에 지출하는 편이 훨씬 유리합니다. 이번 연도에 3억 5천만 원의 세금을 내고 다음 연도에 6억 원을 쓰면, 결과적으로 돈은 5천만 원밖에 남지 않지만, 이번 회계연도에 6억 원을 비용으로 처리하면, 이익 4억 원에 대해 약 1억 2천만 원의 세금만 내면 되므로 2억 8천만 원이 손에 남게 됩니다. 물론 이는 해당 지출이 이번 회계연도 비용으로 인정받는 경우에 한합니다. **어차피 써야 할 돈이라면, 이번 회계연도에 쓸지 다음 회계연도에 쓸지를 정확한 수치를 통해 판단하는 것이 중요합니다.**

예 결산 시 10억 원의 이익이 예상된다는 것을 알게 된 경우

아무런 조치를 취하지 않을 때

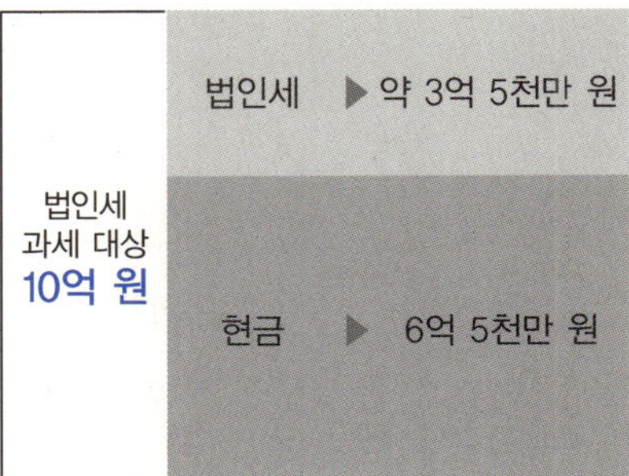

6억 원을 투자하면……

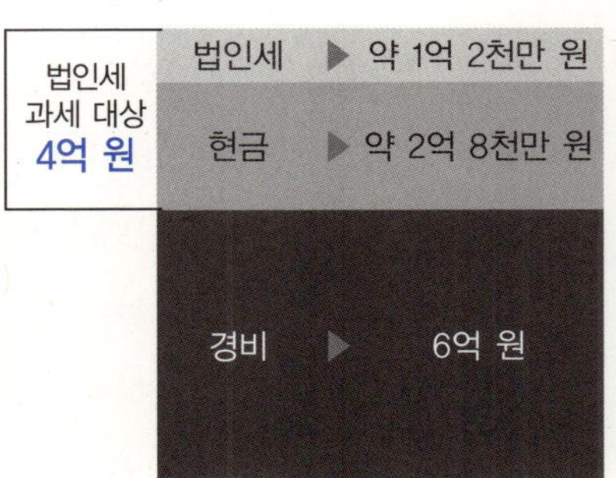

10억 원에 법인세가 부과되어
현금 6억 5천만 원이 남는다.

6억 원의 선행 투자로
법인세가 약 3분의 1로 줄어든다.

※6억 원 분이 이번 회계연도 비용으로
인정되는 경우에 한함

재무 상태를 명확히 알아두면, 한발 앞서
대응하며 자금을 효율적으로 운용할 수 있다.

03 흑자인데 이익은 0원?
재고, 외상대금, 은행 상환의 구조

회사 경영은 정말 만만치 않다

회사 경영은 단순히 이익만으로는 충분하지 않습니다. 예를 들어, 상품을 1,000만 원에 매입했다고 가정해 봅시다. 상품 대금으로 1,000만 원을 지불했으니 회사의 현금은 그만큼 줄어듭니다. 그런데 이렇게 **매입한 상품을 팔지 않고 재고로 보유한 채 회계연도를 넘기면, 그 재고는 세무상 '현금화 가능한 자산'으로 간주되어 과세 대상이 됩니다.** 즉, 1,000만 원어치의 재고가 있으면 세무상 1,000만 원의 자산으로 처리되고, 여기에 법인세율 30%가 적용되어 300만 원을 세금으로 내야 하는 상황이 생깁니다. 이런 상황이 누적되면, 장부상으로는 **흑자여도 실제 현금이 부족해 회사를 유지하기 어려운 경우가 발생할 수 있습니다.**

또 다른 예를 들어보겠습니다. 은행에서 1억 원을 빌리고, 그해 1억 원의 이익이 발생했다고 합시다. 언뜻 보면 플러스마이너스 제로인 것 같지만, 반드시 그렇지는 않습니다. 빌린 1억 원을 사업 경비로 사용했다면 문제가 없지만, 경비로 쓰지 않고 그대로 갖고 있었다면 그 돈은 '순이익'으로 간주됩니다. 이렇게 되면 법인세율 30%가 적용되어 3천만 원을 세금으로 내고, 남은 7천만 원으로 빚을 갚아야 합니다. 실제로는 매우 부담스러운 상황이 될 수 있습니다.

이처럼 회사 경영에서는 단순한 장부상 흑자보다 현금 흐름을 관리하는 능력이 훨씬 중요합니다. 장부에만 나타나는 이익과 실제 손에 남는 현금이 다를 수 있다는 점을 반드시 이해해야 합니다.

기업회계와 법인세의 구조는 복잡하다

재고는 과세 대상이 된다는 점에 주의할 것

상품을 1,000만 원에 매입

1,000만 원 어치의 재고

재고는 언젠가 현금화될 환금 자산으로 간주하며, 현금 및 예금과 유사하게 취급된다.

결산 시점을 넘겨 재고가 있으면, 현금성 자산으로 간주하여 법인세가 부과된다.

차입금의 사용처에도 주의할 것

차입금 −1억 원

이익 +1억 원

돈은 계산상 ±0 이지만……

차입금 1억 원을 경비로 사용하지 않으면 이익이 1억 원으로 계산되어 법인세 30%가 부과된다.

그 결과, 손에 남는 돈은 7,000만 원으로 차입금을 상환할 수 없게 된다.

흑자라도 도산할 수 있으므로 현금 흐름이 무엇보다 중요하다.

흑자인데 이익은 0원? 재고, 외상매금, 은행 상환의 구조

04 창업 후 가장 먼저 집중해야 할 것은 영업

매출을 올리는 일에 전력을 쏟아라

앞서 언급했듯이 창업 후 해야 할 일은 바로 영업입니다. 매출을 올리는 일에 전력을 다해 집중해야 합니다. 회사 운영에는 회계나 서류 업무처럼 해야 할 일이 많지만, 그 어떤 일보다 중요한 것은 **더 많은 사람을 만나고 관계를 넓히는 것입니다. 명함을 들고 직접 사람을 만나거나, 회사나 대표의 SNS를 꾸준히 관리하고, 온라인 광고를 집행하는 등 매출로 이어질 수 있는 일에 에너지를 아낌없이 투자해야 합니다.** 예를 들어, 홈페이지 제작 회사를 창업했다면 무엇보다 홈페이지 제작 의뢰를 받을 기회를 만드는 데 집중해야 합니다.

이때 핵심은 '어떻게 하면 이름과 회사를 기억하게 할까'입니다. 그러기 위해서는 기억하기 쉬운 회사 이름, 짧고 인상적인 자기소개, 약간의 개성이나 재미있는 표현이 모두 도움이 됩니다. 반대로 말이 길고 지루하면 좋은 인상보다 부정적인 이미지를 남길 수 있습니다.

또한 **명함을 주고받은 사람에게는 반드시 감사의 메시지를 보내세요.** 단순한 형식적 인사만으로는 충분하지 않습니다. 대화 중 인상 깊었던 부분이나 상대의 말에서 감명받은 점을 짧게라도 덧붙이면, 상대에게 '기억에 남는 사람'으로 각인될 수 있습니다.

자신을 각인시키기 위해 필요한 것

- 기억하기 쉬운 회사명
- 짧고 간결한 자기소개
- 흥미로운 인물상
- 인상적인 이야기

명함 교환을 한 상대에게는…

- 이메일이든 문자든, 확실하고 정중하게 감사 인사를 한다.
- 형식적인 인사말은 지양한다.
- 대화 중 인상 깊었던 내용이나 감탄했던 점, 느낀 점 등을 자신의 언어로 전한다.

> 만난 사람에게 자신의 존재를
> 강하게 각인시키는 노력이 필요하다.

05 기업 인지도를 높이는 가장 확실한 방법

SNS를 가장 강력한 홍보 도구로 활용하라

회사의 서비스나 상품을 알리는 방법은 정말 다양합니다. 광고를 내거나, 각종 네트워킹 행사나 전시회에 참여하거나, SNS와 블로그를 꾸준히 업데이트하는 등 선택지는 많습니다. 그중에서도 가장 효율적이면서 즉각적인 효과를 낼 수 있는 수단은 단연 SNS입니다.

예를 들어 제가 X(구 트위터)에 "이런 상품이 있습니다"라고 글을 올리기만 해도, 게시글은 금방 수만 명에게 도달합니다. 짧은 글 하나로 큰 노출을 얻을 수 있으니 비용 대비 효율이 매우 높습니다. 반면 같은 규모의 노출을 광고로 만들려면 훨씬 더 큰 비용이 들기 때문에 가능하다면 SNS 자체를 성장시키는 편이 훨씬 유리합니다.

물론 상품의 이익률이 높고 타깃이 명확하다면 광고 운영도 훌륭한 전략입니다. 하지만 궁극적으로 중요한 것은 SNS를 어떻게 성장시키느냐입니다.

저는 매일의 즐거움을 자연스럽게 공유하는 것이 SNS를 키우는 가장 좋은 방식이라고 생각합니다. 흥미로운 경험은 쉽게 퍼지고, 그 매력이 사람들을 자연스럽게 끌어들이기 때문입니다. 혹은 경영 실력이 뛰어나서 실제로 도움이 되는 콘텐츠를 꾸준히 발신할 수 있다면, 그것만으로도 충분히 신뢰와 관심을 얻을 수 있습니다. SNS는 그 사람이 가진 재미, 개성, 실력이 고스란히 드러나는 공간입니다. 매일의 즐거움과 경영 노하우를 성실하게 발신한다면, 회사의 인지도는 자연스럽게 따라오게 됩니다.

SNS를 성장시키는 것이 가장 효율적이다

자신의 상품과 서비스 인지도를 높이는 방법

| SNS | 블로그 | 광고 | 전시회 | 교류회 |

지금 가장 중요한 건 SNS

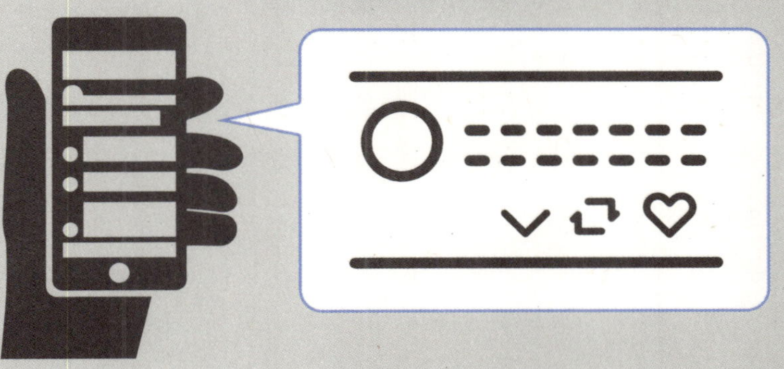

SNS 팔로워를 늘리려면?

- 일상생활에서 즐거웠던 일, 재미있었던 일을 SNS에 올린다.
- 경영 실력이 뒷받침된 정말로 도움이 되는 정보를 SNS에 게시한다.

정말로 흥미롭고 유익한 이야기일수록
많은 사람에게 유용한 정보라고 인식되고,
그렇게 인식된 콘텐츠는 SNS를 통해 자연스럽게 확산된다.

06 유능한 파트너를 만나면 사업은 잘 풀린다

함께 일할 파트너를 모색하라

창업을 준비할 때는, 함께할 수 있는 좋은 동료가 있는지 먼저 확인해 보세요. 가능하다면 혼자 시작하기보다 파트너를 두는 편이 훨씬 안정적이고, 실제로 일도 잘 풀립니다. 제 경험상, 이미 독립해 일하는 사람이라도 "창업을 준비 중인데, 회사의 이 부분을 도와주면 좋겠다"라고 정중히 부탁하면 의외로 수락하는 경우가 많았습니다.

도움이 될 수 있는 사람의 범위는 생각보다 넓습니다. 대학생이나 프리랜서뿐만 아니라, 직장인이나 이미 회사를 운영 중인 사람도 상황에 따라 충분히 협력자가 될 수 있습니다. "이 업무를 도와줬으면 좋겠다", "이런 일을 해줬으면 좋겠다"라고 과감하게 부탁해 봅시다.

저는 회계 업무를 전혀 몰랐기 때문에 그 부분은 아예 다른 전문가에게 맡겼습니다. 이렇게 각 분야의 역량을 가진 사람들과 협력하면 회사는 훨씬 효율적으로 성장할 수 있습니다. 예를 들어, 좋은 서비스 아이디어는 있지만 영업이 서투르다면 영업을 잘하는 사람에게 도움을 구하면 되고, 반대로 영업은 자신 있지만 아이디어를 만들기 어렵다면 그 부분을 잘하는 사람과 손을 잡으면 됩니다.

처음에는 작은 일을 도와주던 사람이 어느새 회사의 핵심 멤버로 성장하는 경우도 드물지 않습니다. 직접 도움을 요청하는 입장이든, 누군가의 제안을 받는 입장이든, 이런 협업의 가능성을 하나의 중요한 선택지로 꼭 기억해 두세요.

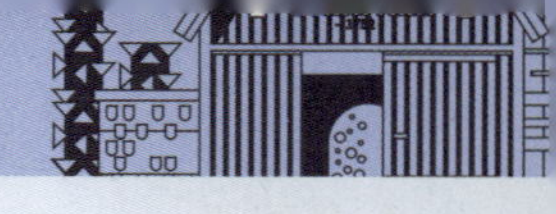

자신의 부족한 부분을 채워주는 파트너

각 분야의 전문가나
자신의 부족한 역량을 채워줄 사람과
함께한다면, 회사를 더 안정적으로
운영할 수 있다.

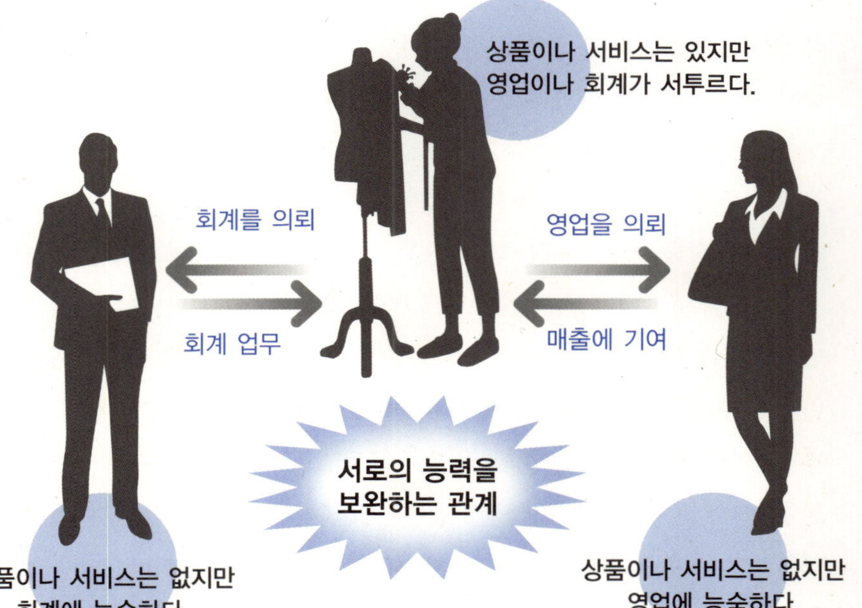

각자가 잘하는 분야를 살려
수익을 만들어낼 수 있으므로
윈윈(win-win) 관계가 될 수 있다.

07 대기업에도 맞설 수 있는 경쟁력 키우기

대기업이 놓친 틈새시장을 공략하라!

대기업은 자본도 크고 인재도 풍부하지만, 모든 분야를 완벽하게 대응하지는 못합니다. 규모가 큰 만큼 세밀한 대응이 어려운 영역이 있고, 시장 규모가 작아 굳이 투자하지 않는 분야도 존재합니다. 바로 이 지점이 '차별화 전략'이 필요한 자리이며, 창업자가 공략해야 할 틈새시장입니다.

예를 들어 가와이(河合)나 순다이(駿台) 같은 대형 입시 학원은 한 반에 많은 학생을 모아 과목별 수업을 반복하는 방식으로 안정적인 수익을 내고 있으며, 이미 잘 돌아가는 구조이기 때문에 굳이 방식을 바꿀 필요가 없습니다.

하지만 저는 강사가 매주 수십 명을 대상으로 일방적으로 강의하는 형식만으로는 학생들의 성적이 오르지 않는다고 판단했습니다. 그래서 비록 시간이 더 들더라도, 학생 개개인에게 숙제를 내고, 이해했는지 테스트하며, 공부 방법까지 점검한 뒤 "다음에는 이렇게 공부해 보자"라고 개별적으로 지도하는 방식이 더 효과적이라고 생각했습니다. 그렇게 탄생한 것이 바로 '다케다 학원'입니다. 대형 학원과는 전혀 다른 방식이었기 때문에 오히려 경쟁력을 확보할 수 있었습니다.

이처럼 대기업이 할 수 없는 부분, 혹은 할 이유가 없는 작은 틈새를 발견해 차별화를 이뤄내는 것이 창업의 핵심입니다.

대기업의 서비스나 상품과는 다른 시장을 노린다

대기업이 들어오지 않는 시장에 진입한다

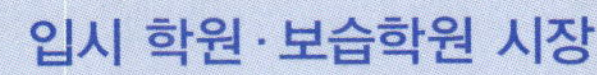

입시 학원·보습학원 시장

대형 학원

다수 인원을 대상으로 한
집단 수업 중심

시장은 존재하지만, 대기업 입장에서는 그다지 규모가 크지 않은 편이다.

다케다 학원

소수 인원을 대상으로 한 개별 맞춤형 지도 중심

대형 입시 학원은 과목별로 다수를 대상으로 한 집단 수업 방식을 통해 큰 시장을 확보할 수 있다. 반면 다케다 학원은 개별 지도 방식으로 시장 규모는 크지 않지만, 대형 입시 학원이 공략하지 못하는 틈새시장을 확보할 수 있다.

> 대기업은 할 수 없는,
> 혹은 대기업은 하지 않는 틈새 분야를 찾아
> 차별화된 방식으로 접근하는 것이 좋다.

08 판매 상품의 원가율을 고려하라

왜 회사에 돈이 남지 않는가

창업 과정에서 흔히 놓치기 쉬운 것이 바로 원가율입니다. **서비스나 상품을 만들 때 원가율을 충분히 고려하지 않으면, 아무리 많이 팔아도 회사에 남는 돈이 거의 없을 수 있습니다.**

예를 들어 원가율이 80%인 상품은 1,000만 원어치를 팔아도 실제 이익은 200만 원에 불과합니다. 물론 판매가가 매우 높고 판매량까지 안정적으로 확보된다면 원가율이 높아도 문제가 없을 수 있습니다. 이론적으로 1,000억 원짜리 상품이라면 원가율이 99%여도 10억 원의 이익이 남겠죠. 하지만 현실에서 그런 구조를 기대하기는 어렵습니다. **결국 이익률이 충분히 확보되지 않으면 회사 운영은 금세 벽에 부딪힙니다.**

회사를 운영하려면 인건비, 사무실 임대료, 광고비 등 필수 비용이 계속 발생합니다. 어느 정도 이익이 나더라도 매년 법인세가 빠져나가므로 실제로 회사에 남는 금액은 더 줄어듭니다. 그래서 이익률이 높지 않으면 회사는 쉽게 압박을 받게 됩니다.

업종과 사업 모델마다 차이는 있지만, 일반적으로 **원가율은 50% 이하로 유지하는 것이 안정적입니다. 특별한 경우가 아니라면 원가율이 70% 수준이면 경영은 상당히 어려워질 가능성이 큽니다.**

참고로 다케다 학원의 경우, 직영점의 원가율은 약 15%, 가맹점(FC)의 원가율은 약 30% 수준으로, 업계에서도 매우 우수한 구조라고 자부하고 있습니다.

상품의 원가율은 회사의 성패를 좌우한다

회사를 안정적으로 운영하려면 **무엇보다 원가율이 낮아야** 한다.

원가율이 높은 상품
원가율 80% : 이익률 20%

1,000만 원어치를 팔아도
200만 원밖에 이익이
나지 않는다.

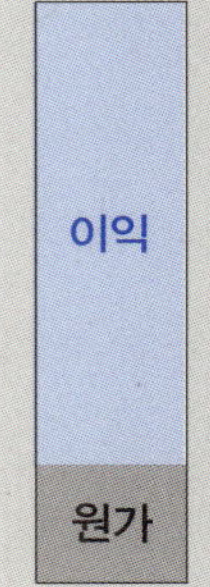

원가율이 낮은 상품
원가율 20% : 이익률 80%

1,000만 원어치를 팔면
800만 원의 이익이
남는다.

다소 이익이 나더라도
지출해야 할 돈은 많다.

사무실 임대료　　인건비
광고비　　법인세

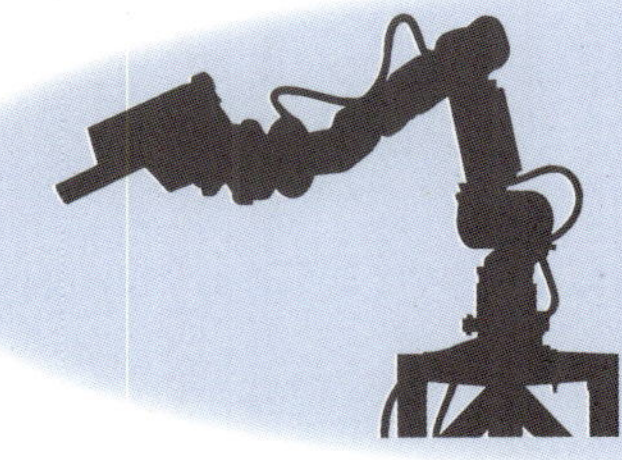

원가율이 80%라도
10억 원어치를 팔아서
2억 원의 이익이 남는 상품이
꾸준히 팔린다면 괜찮겠지만……

[회사는 돈이 남기 어려운
구조라는 사실을 명심하라.]

09 돈을 많이 쓰지 않아도 가능한 현실적인 마케팅 전략

시장의 흐름을 읽는 것이 가장 먼저다

수요가 없는 곳에서 사업을 시작하면 이익을 낼 수 없습니다. 물고기가 없는 곳에 낚싯대를 드리우는 것과 다르지 않기 때문입니다. 그렇기 때문에 시장 조사와 마케팅이 필요합니다.

물론 **시장 조사는 시간과 비용이 드는 작업입니다.** 동양경제신보사가 매년 발간하는 『회사 사계보 업계 지도』(한국에서는 『대한민국 산업분석』이나 한국경제리서치의 '산업시장총람'을 참고)를 **활용하면 비교적 적은 비용**(약 2만 원대)**으로도 기본적인 조사가 가능합니다.** 이 책에는 업계별 시장 규모, 트렌드, 수익 구조 등 핵심 정보가 정리되어 있어, 책 한 권만으로도 전체 흐름을 파악할 수 있습니다.

또한 시장 흐름은 공식 자료뿐 아니라 '소문'에서도 드러납니다. "요즘 어느 회사가 잘 나간다더라", "인스타그램에 학원 관련 광고가 많아졌더라"와 같은 이야기들이 **현장에서 활동하는 사람들을 통해 자연스럽게 퍼집니다.** 저 역시 여러 기업의 고문을 맡고 있다 보니 업계에서 오가는 소문을 자주 듣게 됩니다.

최신 정보와 업계 동향은 결국 인맥이 넓은 사람에게 물어보면 알 수 있습니다. 그래서 비용이 들더라도 유명 기업가나 경험 많은 선배 사업가를 직접 찾아가 이야기를 듣는 것은 큰 도움이 됩니다(42쪽 참조).

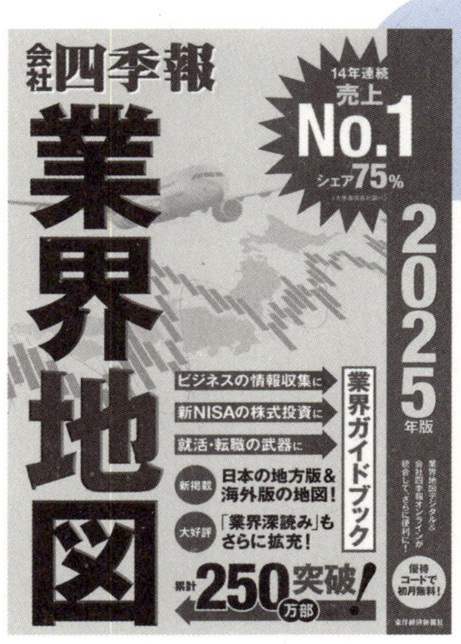

『업계지도』를 읽으면
시장의 동향을 파악할 수 있다.

- 193개 업종의 전반적 개요
- 각 업계의 시장 규모와 동향
- 각 업계의 수익 구조
- 지역별 산업 분포 지도

등

『회사 사계보 업계 지도』는 193개 업계의 다양한 정보를 망라한 책이다. 시장조사뿐만 아니라, 신규 영업처 개척이나 직원 교육에도 활용할 수 있어 매우 유용하다.

인맥이 넓은 사람에게는 다양한 정보가 모여든다.

[인맥이 넓은 사람에게 물어보면
다양한 소문과 정보를 얻을 수 있다.]

10 시행착오 속에서 사업을 접을 시점을 판단하라

철수 결정을 내려야 할 시점

창업을 시작했는데 기대만큼 성과가 나지 않는다면, 과감하게 사업을 접을지 검토할 필요가 있습니다. 예를 들어 새로운 서비스를 출시해 최소한의 매출이 발생했다고 가정해 봅시다. 그 서비스를 X(구 트위터)에 소개하면 적어도 수만 명, 운이 좋으면 100만 명까지 볼 수 있습니다. 또한 '프랜차이즈 채널(창업 유튜브 채널)' 등에 소개된다면 적어도 3,000~5,000명 정도가 그 내용을 보게 됩니다.

이처럼 충분한 노출을 확보했음에도 서비스가 더 이상 성장하지 않는다면, 가격 설정이 잘못되었거나 실제 수요가 충분하지 않거나, 다른 근본적인 문제가 있을 가능성을 고려해야 합니다. 마찬가지로 유명한 창업 관련 유튜브 채널에 출연해 서비스를 소개했는데도 주문이나 문의가 거의 없다면, '이 서비스에 수요가 많지 않은 건 아닐까?'라는 의문을 가져볼 필요가 있습니다.

그럴 때는 시행착오를 통해 가격을 조정하거나, 서비스 내용과 품질을 개선하거나, 타깃을 재설정하는 등 다양한 시도를 해보는 것이 좋습니다. 그럼에도 불구하고 자금이 빠르게 소진되거나, 적자는 아니더라도 매출이 거의 오르지 않는다면, 사업을 접을지 진지하게 검토할 시점이라고 판단할 수 있습니다.

창업해 보고 안 되겠다 싶으면
깔끔하게 사업을 접는 것도 중요하다!

창업하자마자 잘되는 경우는 거의 없다. 본인의 서비스에 주문이 없거나, 상품이 팔리지 않는다면 문제점을 파악해 개선해 나가야 한다. 그래도 여전히 안 된다면 지지부진하게 끌 것이 아니라 미련 없이 깔끔하게 사업을 접어야 한다.

유명 기업가가 SNS에 홍보 글을 올려주고,
유명한 창업 관련 유튜브 채널, 투자 관련 방송에서 소개

확실히 많은 사람에게 알렸는데도 불구하고
상품이 팔리지 않거나 서비스 주문이 없는 경우

상품이나 서비스의 가격이 적정하지 않거나
애초에 수요가 없을 가능성이 있다.

문제점을 개선했는데도 상황이 달라지지 않는다면,
사업을 접을 시점이다.

> 돈이 점점 줄어들거나 매출이 오르지 않을 때는
> 미련 없이 사업을 접어야 한다.

11 먼저 사업을 궤도에 올려라

초기에는 무조건 필사적으로 일한다

창업 초기에는 매출을 세우기 위해 전력을 다할 수밖에 없습니다. 저 역시 다케다 학원을 시작했을 때 매우 힘들었습니다. 학생들을 가르치고, 역 앞에서 전단지를 돌리고, 사람들을 만나러 다니는 일을 매일 반복하며 말 그대로 밤낮없이 일했습니다. 창업 직후에는 누구나 스스로 만든 '블랙 기업'을 운영하는 듯한 시간이 찾아오지만, **경영을 안정된 흐름에 올리고 매출을 조금이라도 늘리기 위해서는 이 과정을 피할 수 없습니다.**

현실적으로 창업한 회사나 새로운 사업이 성공하기란 쉽지 않습니다. 사람들은 제가 여러 사업을 연달아 성공시킨 창업가라고 생각할지 모르지만, 실제로는 다케다 학원이나 프랜차이즈 채널처럼 성공한 사업보다 실패한 사업이 훨씬 많습니다.

그렇다면 어떤 상태가 되었을 때 '사업이 궤도에 올랐다'고 할 수 있을까요? **손익분기점을 넘어서기 시작하고, 생활이 가능할 정도의 수익이 꾸준히 들어올 때, 새로운 투자를 검토할 여유가 생기고, 직원을 새로 고용하는 일이 무리가 아닐 정도라면** 비로소 경영자는 사업이 안정된 흐름에 올라섰다고 판단할 수 있습니다.

'안정 궤도에 올랐다'고
할 수 있는 기준은?

- 손익분기점을 넘어섰다.
- 생활이 가능할 만큼의 돈을 벌고 있다.
- 어느 정도 수익이 발생하고, 이를 기반으로 신규 투자나 고용이 가능하다.

창업이나 신규 사업을 성공시키는 것은
기본적으로 매우 어렵다.
매출을 늘리기 위해 전력을 다하는 수밖에 없다!

먼저 사업을 궤도에 올려라

12 매출은 여러 거래처로 분산하라

리스크 분산을 고려하자

거래처가 집중되어 있는 것이 좋은지, 아니면 분산되어 있는 것이 좋은지에 대해서는 다양한 의견이 있습니다.

만약 매출 10억 원이 한 거래처에서 발생한다면 영업·회계·납품 등 여러 면에서 편리한 점이 분명히 있습니다. 하지만 저는 거래처가 10곳이고 각처에서 1억 원씩 들어오는 편이 훨씬 안정적이라고 봅니다. 한 거래처에 매출이 몰려 있으면 그곳과의 계약이 해지되었을 때 매출이 단번에 0원이 될 수 있고, 거래처의 도산 같은 불확실성에도 노출됩니다. 반면, 10개 업체에서 10억 원의 매출이 발생한다면 한 곳과 계약이 종료되더라도 나머지 9개 업체에서 9억 원의 매출을 유지할 수 있습니다. 리스크가 분산되므로 경영 측면에서 훨씬 안정적입니다.

또한 거래처가 한 곳뿐이면 그 상품이나 서비스가 시장에서 보편적으로 통하는지 판단하기 어렵습니다. 여러 곳에서 꾸준히 판매되고 있다면 그만큼 수요가 안정적이라는 신호로 볼 수 있습니다.

물론 회사의 상황, 거래처와의 관계, 원가 구조 등 여러 관점에서 판단해야 하지만, 계약 해지나 거래처 도산 같은 리스크를 분산할 수 있다는 점에서 매출 다변화는 매우 바람직한 전략입니다.

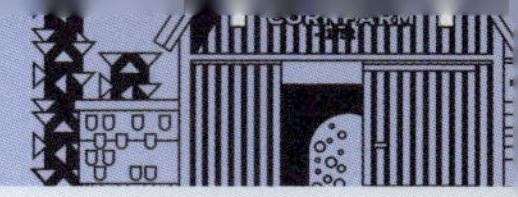

── 거래처는 한 곳에 집중할 것인가? 여러 곳으로 분산할 것인가? ──

같은 10억 원의 매출이라도……

10억 원 × 1개 회사	1억 원 × 10개 회사
= 10억 원	= 10억 원

거래처 한 곳에서 10억 원의 매출을 올리는 게 관리는 편하지만,
거래처 10곳에서 각각 1억 원씩, 총 10억 원의 매출을 올리는 것이
경영 면에서는 훨씬 안전하다.

이유
- 한 곳과 계약이 해지되어도 9억 원의 매출이 남음
- 10개 업체가 찾는 상품이라면 그만큼 시장의 수요가 확실하다는 증거

어느 쪽이 더 좋은지는 의견이 분분하지만,
많은 기업과 거래하며 리스크를 분산하는 것이 좋다.

13 아르바이트를 고용할 것인가?
말 것인가?

아르바이트를 적극 활용하라

아르바이트를 고용해 함께 일하는 것은 매우 좋은 일입니다. 정규직은 채용하기가 어렵고, 일단 채용하면 쉽게 해고할 수 없습니다. 면접을 보더라도 실제 능력이 부족할 가능성도 있습니다. 무엇보다 정규직은 매달 일정 금액의 인건비 지출이 확정되기 때문에, **자금이 부족한 창업 직후에는 특히 아르바이트를 활용합시다. 앞서 언급했듯이 업무 위탁**(24페이지 참조)**도 활용하는 것이 좋습니다.**

아르바이트는 시급제 교대 근무이며, 기본적으로 각종 보험 부담도 없습니다. 그래서 인건비가 정규직보다 적게 든다는 장점이 있습니다. 그리고 **대학 졸업 후 일류 기업에 취업할 만한 우수한 인재가, 아르바이트이기 때문에 창업한 지 얼마 안 된 작은 회사에서도 일해준다는 장점도 있습니다.** 만약 이런 사람들에게 갓 세워진 회사에 "입사해주지 않겠나"라고 권유한다면, 아마 오지 않을 것입니다. 당연한 이야기지만 대부분의 사람은 일류 기업을 선택하기 마련입니다.

하지만 아르바이트로 일하던 대학생이 그대로 다케다 학원에 입사하는 경우는 있었습니다. 사실 이는 '학원가에서 흔히 있는 일' 중 하나인데, 어떤 능력을 갖춘 인재인지가 명확할 뿐만 아니라 업무 내용도 이미 파악하고 있어 안심하고 채용할 수 있었습니다.

아르바이트를 적극적으로 활용하자

정규직을 채용하는 건 쉽지 않다

- 고정 시간 근무제
- 월급제·연봉제
- 유급휴가 있음
- 보너스 있음
- 고용보험·사회보험 비용 부담 발생

아르바이트는 채용이 비교적 쉽다

- 교대 근무제
- 시급제
- 유급휴가 있음
- 보너스 없음
- 고용보험·사회보험 비용 부담 없음(예외 있음)

**자금도 없고 인지도도 낮은 창업 초기,
큰 힘이 되어주는 학생 아르바이트**

대학 졸업 후에는
대기업에 취직할 만한
우수한 인재들이……

학생 시절이라면
아르바이트로
일해줄 수 있다.

창업 초기에는 학생 아르바이트를 적극적으로 활용해 보자.
유능한 인재의 도움을 받을 수 있을 뿐 아니라,
그 인재가 정식으로 입사할 가능성도 있다!

14 프랜차이즈, 언제 시작해야 할까

프랜차이즈는 자연스럽게 이루어지는 것

창업 초기부터 자신의 사업을 프랜차이즈로 만들겠다는 목표를 세우는 것은 바람직하지 않습니다. 프랜차이즈란 정말 좋은 비즈니스를 만들어 **많은 사람들이 "나도 이 사업을 해보고 싶다"라는 요청을 받은 뒤에 비로소 '프랜차이즈로 확장하려면 어떤 시스템을 갖춰야 할까?', '어떻게 더 많은 사람들을 모을 수 있을까?'를 고민하며 검토해야 할 선택지입니다.**

그 이후에는 프랜차이즈 전문 기관이나 관련 채널에 상담해보는 것이 도움이 됩니다. 물론 처음부터 프랜차이즈화를 전제로 사업을 시작하는 접근은 좋은 방식이 아닙니다. 저 역시 꽤 괜찮은 학원을 운영하고 있었음에도 28세가 되어서야 프랜차이즈라는 방식을 알았습니다. 그 결과 20세부터 28세까지 8년 동안 직영점 두 곳만 운영하며 연 매출 10억 원 수준에 머물렀습니다.

그런데 프랜차이즈를 도입한 뒤 28세부터 35세까지 8년 만에 연 매출이 1,000억 원으로, 가맹점 수는 400곳으로 늘어났습니다. 돌이켜보면 프랜차이즈 방식을 조금 더 일찍 알았다면 성장 속도가 훨씬 빠르지 않았을까 하는 아쉬움이 남습니다.

처음부터 프랜차이즈를 목표로 삼는 것은 바람직하지 않지만, 마음속에는 하나의 가능성으로 두고 검토해보는 것이 좋습니다.

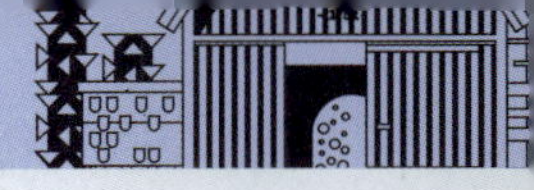

프랜차이즈화를 추진할 가장 좋은 시기

처음부터 프랜차이즈를 염두에 두고
사업을 구상하는 건 좋지 않다!

프랜차이즈는 사람들이 원할 때 비로소 고려해야 하는 것

사업이 안정되고 경영이 궤도에 오르자
많은 사람들로부터 프랜차이즈를 하고 싶다는 요청을 받았다.

'어떻게 프랜차이즈 시스템을 만들지?', '어떻게 사람을 모을까?'
라고 고민되는 시점이 바로 시작 단계이다.

창업 투자 심사 프로그램이나
프랜차이즈 전문 유튜브 채널에 상담을 요청한다.

처음부터 프랜차이즈화를 목표로 삼지는 않되,
프랜차이즈라는 가능성은 항상 열어 두자!

성장 가도를 달릴 때는 경영이 쉽다
가장 어려운 시기는 성장하기 전이다

다케다 학원은 전국에 400개 분점, 연 매출 1,300억 원 규모로 성장했지만, 초기에는 고작 분점 2개, 연 매출 10억 원에 불과했습니다. 솔직히 말해 성장이 정체된 시기였습니다. 당시에는 규모가 작고 매일 똑같은 일을 반복하다 보니, 직원들도 비전을 찾지 못했습니다. "정말 좋은 학원인 건 알겠는데, 앞으로 어떻게 될까?", "이 회사에 계속 다녀도 괜찮을까?" 하는 의문과 불만이 생겨나던 시기였습니다.

크게 성장한 지금은 "그렇게 많은 분점을 일일이 다 살릴 수 있느냐", "경영 관리가 어렵지 않느냐"라고 묻곤 합니다. 하지만 제 경험으로는, 분점 두 곳에서 성장에 어려움을 겪던 시기보다 지점 수와 매출이 급격히 늘어나던 시기의 경영이 훨씬 수월했습니다.

지점이 늘고 매출이 30억, 100억, 300억 원으로 증가하면 자연스럽게 유능한 인재들이 들어오고, 직원들도 회사의 비전을 체감하며 불평불만을 갖지 않기 때문입니다. 이 회사에 있는 것이 낫겠다, 여기서 열심히 해보자고 생각하게 되니 별도의 관리나 통제가 필요 없습니다.

회사 경영은 규모가 커진 후가 더 쉽고, 규모가 작을 때가 더 어렵습니다. 어떻게든 한계를 돌파할 수 있도록 하루하루 전력을 다해야 합니다.

제 **5** 장

사업 성과를 극대화하는
프랜차이즈 확장 전략

01 매장을 늘리는 프랜차이즈란 무엇인가

함께 성장하는 윈윈 확장법

어느 가게의 아이스크림이 너무 맛있어서 '우리 동네에도 이 가게를 내고 싶다'라고 생각했다고 가정해 봅시다. 그래서 그 가게에 아이스크림을 팔 권리를 사고 매출의 일부를 드릴 테니 똑같은 가게를 운영하게 해달라고 부탁하여 **승낙을 받으면, 자신도 그 가게를 가질 수 있게 됩니다. 이러한 방식의 사업 모델을 프랜차이즈라고 합니다.**

이 방식은 자신이 좋아하는 사업 모델을 특정 지역으로 확장할 수 있고, 본사 입장에서도 자사 자본으로는 출점하기 어려웠던 지역에 열정과 애정을 가진 사람이 대신 매장을 내주는 것이므로 서로 이득을 보는 구조가 됩니다.

즉, 매력적인 사업 모델이 있어 다른 사람이 가맹비를 내거나 매출의 일부를 로열티로 지불하면서 서로 협력하여 운영해 나가는 것이 프랜차이즈의 기본입니다.

실제로 다케다 학원도 처음에는 직영점 2곳에 연 매출 10억 원에 불과했지만, 프랜차이즈로 확장하면서 많은 사람이 함께해 준 덕분에 400개 분점, 연 매출 1,000억 원까지 성장했습니다. 만약 프랜차이즈라는 선택지를 알지 못했다면 이러한 성장은 불가능했을 것입니다.

프랜차이즈의 기본

사업 파트너로서 함께 성장해 나가는 관계

본사(프랜차이저, Franchisor)　　　가맹점(프랜차이지, Franchisee)

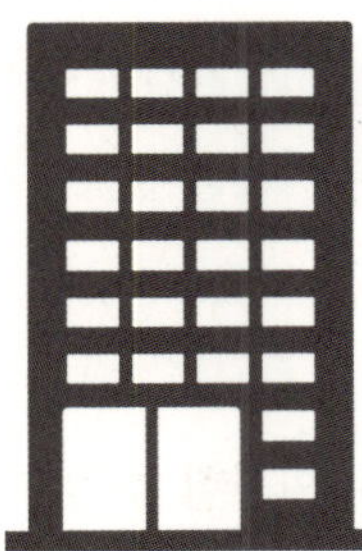

상품　　노하우
서비스　브랜드 파워

가맹비
로열티

- 비용을 들이지 않고도 자사의 사업 모델을 확장할 수 있다.
- 아직 진출하지 않은 지역까지 확장할 수 있다.
- 가맹비와 로열티 수익을 확보할 수 있다.

- 본인이 좋아하는 사업 모델을 자신이 사는 지역에 직접 확장할 수 있다.
- 검증된 사업 모델을 직접 운영할 수 있다.

[양측 모두에게 이익이 크며,
원윈 관계를 구축할 수 있다.]

02 프랜차이즈를 통해 타인의 역량을 활용하며 회사를 키운다

좋은 이념이 사람을 끌어모은다

프랜차이즈는 같은 사업 모델을 운영하고 싶은 사람이 직접 자금을 들여 참여한다는 점에서, 인적 자원과 자금을 함께 빌릴 수 있는 방식입니다.

예를 들어 다케다 학원에는 고(故) 이와이 요시아키 씨를 비롯해 사이토 토모하루 씨(토모해피), 가부모토 유키 씨, 구와타 류세이 씨 등 창업 관련 유튜브 채널 'Tiger Funding'에 출연하는 대표들이 힘을 보태 주었습니다. 또한 수험생 관련 유튜브 채널에 출연 중인 오하마 유키 씨를 비롯해 뛰어난 기업가들이 다케다 학원을 "직접 운영해보고 싶다"라며 뛰어들었습니다.

게다가 이름은 밝히기 어렵지만, 상장 경험이 있고 잘 알려진 서비스를 제공하는 회사의 창업자까지 "다케다 학원의 이념이 좋다"라며 함께해 주셨습니다. 이처럼 사업 모델에 공감하고 '이거 정말 좋다'라는 확신을 주면, 영향력 있는 사람들이 인력과 자금을 아끼지 않고 도움을 줍니다. "정말 이런 일이 가능할까?" 싶을 정도로 놀라운 일이 벌어지기도 합니다.

하지만 이런 영향력 있는 인물들의 마음을 움직이려면, 사업 모델 자체가 매력적이어야 할 뿐만 아니라 명확한 비전과 훌륭한 이념이 반드시 필요합니다. 이러한 요소들은 이미 1장에서 언급한 내용과도 연결되며, 사람들의 공감을 얻는 핵심이 됩니다.

— 사람과 자본을 모두 확보할 수 있는 것이 프랜차이즈의 힘이다 —

프랜차이즈 가맹점

돈과 인력도 지원받을 수 있다.

직접 운영 점포

준비할 수 있는 돈과 사람은 한계가 있다.

수많은 사람의 자본과 역량을 결집해
회사를 크게 키워나갈 수 있다.

다케다 학원에 힘을 보태 준 내로라하는 경영자들

- 고(故) 이와이 요시아키
- 사이토 토모하루
  (토모해피)
- 가부모토 유키
- 구와타 류세이
- 오하마 유키

조력자들의 헌신 덕분에 다케다 학원은 성장할 수 있었다

영향력 있는 인물의 마음을 움직일 만큼
매력적인 사업 모델과 훌륭한
이념을 갖추어야 한다.

03 프랜차이즈의 장단점

자금이 넉넉하다면 굳이 선택할 필요는 없다

프랜차이즈의 장점은 앞서 언급했듯이 훌륭한 인재들의 힘을 빌릴 수 있다는 점, 그리고 모두가 자본을 투자해 준다는 점입니다.

예를 들어 다케다 학원 가맹점 하나를 여는 데 약 1억 원이 든다고 가정했을 때, 400개 분점을 전국에 세우려면 총 400억 원이 필요합니다. 당연히 개인이 이 정도의 대금을 단독으로 마련하는 것은 현실적으로 불가능합니다. 다케다 학원이 8년 동안 전국에 400개의 가맹점을 세울 수 있었던 것은, 프랜차이즈에 참여한 가맹점주들이 이 400억 원을 부담해 주었기 때문입니다. 만약 이 모든 지점을 직영으로 운영하려 했다면, 같은 기간 동안 지금과 같은 규모로 확장하는 것은 사실상 불가능했을 것입니다.

반면 프랜차이즈의 단점은, 가맹점주들과 수익을 나눠야 한다는 점입니다. 만약 400개 지점이 모두 직영이었다면 지금보다 훨씬 더 큰 수익을 올리고 있었을 것입니다.

따라서 프랜차이즈가 항상 최선이라고 할 수는 없습니다. 자금이 충분하고 운영을 모두 직접 감당할 수 있다면 직영 방식이 더 유리할 수 있습니다. 결국 프랜차이즈는 혼자만의 힘으로는 확장이나 자금 조달이 어려운 상황에서 선택하는 약자의 전략입니다.

| 프랜차이즈의 장점 | ● 다양한 인적 자원 확보
● 가맹점주들이 직접 투자 |

예 다케다 학원의 경우

수많은 분들이 8년 동안 총 400억 원을 투자해 주신 덕분에
일본 전역에 400개 가맹점을 세울 수 있었다.

| 프랜차이즈의 단점 | ● 프랜차이즈 가맹점주와
수익을 나누어야 함 |

만약 충분한 자본과 인력이 있어 다케다 학원 400개 분점을
모두 직영으로 운영했다면, 지금보다 내 수익은 훨씬 더 컸을 것이다.

> 수익의 일부를 나누는 대신 도움을 받는
> 것, 프랜차이즈는 바로 이런 사업 모델이다.

04 프랜차이즈 매장을 늘렸을 때, 수익은 어떤 구조로 들어올까?

이익의 일부를 본사가 가져가는 구조

프랜차이즈에서 수익이 발생하는 구조는 크게 두 가지입니다. 가맹점이 수익에서 일정 금액을 직접 본사에 지급하는 방식과, 본사가 전체 수익을 먼저 회수한 뒤 수수료를 제외하고 가맹점에 배분하는 방식입니다. 예를 들어 말차 크레이프 전문점 '아사쿠사 찻집 타바네노시'는 매장 매출이 1억 원일 때, 나중에 본사에 월 1,000만 원을 지급하는 방식을 취하고 있습니다.

반면 다케다 학원은 매출을 먼저 본사로 입금하는 후자 방식을 따릅니다. 특정 가맹점에서 월 1억 원의 매출이 발생하면 매출 전액을 본사로 입금합니다. 이후 본사에서 15%인 1,500만 원을 수수료로 가져가고, 나머지 8,500만 원을 가맹점에 지급하는 구조입니다. 본사 입장에서는 이런 형태로 수익이 발생하며, 가맹점주 입장에서는 이런 방식으로 로열티를 지급하게 됩니다. 업종과 사업 형태, 그리고 각 프랜차이즈의 정책에 따라 이러한 비율과 구조는 다양하게 달라질 수 있습니다.

또 한 가지 덧붙이면, 가맹점이 나중에 로열티를 직접 내는 방식은 심리적으로 더 무겁게 느껴질 수 있습니다. 예를 들어 1억 원의 이익 중 1,000만 원을 본사에 내려고 하면 손해를 보는 듯한 느낌이 들지만, 처음부터 9,000만 원이 입금되는 구조라면 같은 금액이라도 훨씬 기쁘게 느껴집니다. 같은 9,000만 원의 수익이라도 방식에 따라 체감이 크게 달라진다는 점이 흥미롭습니다.

수익 구조는 업종과 사업 형태에 따라 다르다

프랜차이즈의 장점

- 많은 사람의 도움을 받을 수 있다.
- 가맹점주들이 직접 투자하기 때문에 가맹본부의 부담이 적다.

예 아사쿠사 찻집 타바네노시

본사   **가맹점**

매출 1억 원 중 1,000만 원(10%)을 본사에 지불한다.

예 다케다 학원

본사   **가맹점**

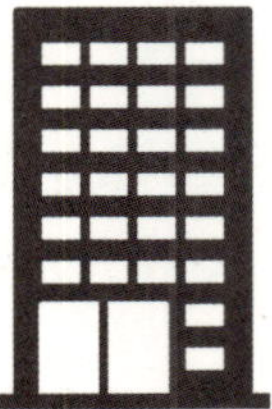

일단 1억 원을 본사에 지불한다.

1,500만 원(15%)을 공제한 뒤 8,500만 원을 가맹점에 돌려준다.

[로열티 지급 방식은 다양하다.]

05 프랜차이즈 설명의 핵심은 비전과 리스크

리스크를 솔직하게 설명하는 것이 곧 신뢰로 이어진다

만약 여러분이 회사를 설립한 후 프랜차이즈 가맹 문의가 쇄도하고, 이들의 힘을 빌려 사업 확장을 모색한다면 자연스럽게 프랜차이즈화를 고려하게 될 것입니다.

이 프랜차이즈 사업의 성공은 사람들의 마음을 움직일 확실한 스토리가 있는지에 달렸습니다. 가맹 희망자들이 "이 사업에 꼭 참여하고 싶다"고 느끼도록 만드는 데에는 무엇보다도 명확한 '비전' 제시가 핵심입니다.

매력적인 비전과 함께, 실제 이익 창출이 가능한지 보여주는 '수익성', 그리고 본사의 성공 모델을 가맹점에서도 동일하게 구현할 수 있는지 증명하는 '재현성'에 대해서도 명확한 설명이 뒷받침되어야 합니다.

뿐만 아니라, 달콤한 장밋빛 미래만을 이야기하는 것을 넘어, "최악의 경우 수억 원의 손실이 발생할 수도 있습니다. 그래도 함께 하시겠습니까?"와 같이 리스크를 투명하게 공개해야 합니다. 이처럼 솔직하고 정직한 자세가 결국 가맹 희망자들의 신뢰를 얻는 기반이 됩니다.

가령, 아오사사 히로후미 씨의 '영상 편집 CAMP'는 매우 훌륭한 사례입니다. 직접 영상 편집으로 수익을 창출한 경험이 있고, '영상 편집이 인생을 바꿨다'는 진심 어린 믿음을 가지고 있기에 그 진정성이 고스란히 전달됩니다. 이러한 실제 경험은 사람들의 마음을 움직이는 데 강력한 힘을 발휘하며, 사회를 어떻게 변화시키고 싶은지에 대한 명쾌한 비전으로 이어집니다. 다케다 학원 역시 확고한 비전이 있었기에 많은 이들의 공감을 얻고 함께할 수 있었다고 생각합니다.

비전 제시

- 마음을 사로잡을 수 있는 스토리
- 수익성(확실한 이익 창출)
- 재현성(누구나 동일한 성과를 낼 수 있는가)

이 사람에게 힘을 보태고 싶다,
이 사업에 참여하고 싶다
라고 느끼도록 할 수 있는가?

리스크 고지

- 실패 요인
- 최악의 상황에서 발생할 수 있는 구체적인
  손실 규모

달콤한 말만 늘어놓지 않고,
예상되는 리스크에 대해서도
솔직하고 정확하게 설명하는 것이
신뢰로 이어진다.

실제 경험을 바탕으로 사회를 어떻게 변화시키고
싶은지를 이야기할 때, 그 비전은 상대에게
가장 명쾌하고 진정성 있게 전달된다.

06 프랜차이즈를 시작할 때 드는 비용

가장 부담이 적은 시작 방식, 무점포형

프랜차이즈를 시작할 때 드는 비용은 업종과 사업 형태, 그리고 점포형인지 무점포형인지에 따라 달라집니다. 예를 들어 인기 아이스크림 체인 'S'는 개점을 위해 약 3억 원이 필요하고, 프랜차이즈 커피 전문점 'K'는 대로변의 큰 건물과 넓은 주차장을 갖추어야 하기 때문에 약 10억 원의 초기 비용이 듭니다.

이처럼 점포형 프랜차이즈는 가맹비 외에도 토지, 건물, 인테리어, **설비에 들어가는 투자가 필요해 초기 비용이 상당히 높습니다.** 하지만 수익성도 높은 편이라 연간 1억 5,000만~2억 원의 수익을 기대할 수 있으며, 일반적으로 6~7년이면 초기 투자금을 회수할 수 있다고 알려져 있습니다.

반면 무점포형은 초기 비용이 매우 적습니다. 예를 들어 현재 연 매출 1,000억 원 규모로 성장한 '리라이브 셔츠(Relive Shirt)'도 초기에는 제품의 매력을 알리기가 쉽지 않았습니다. 그래서 판매 대리점 제도를 도입해, 사람들이 직접 제품의 우수성을 전하고 확산시킬 수 있도록 했습니다. 이 방식은 초기 비용이 사실상 가맹비 수준에 불과해 진입 장벽이 매우 낮다는 장점이 있습니다.

물론 판매 대리점과 프랜차이즈는 매출 인식 방식 등 여러 면에서 분명히 다른 제도입니다. 다만 여기서는 점포형과 무점포형의 차이를 이해하기 위한 사례로 참고해 주시면 좋겠습니다.

점포형인지 무점포형인지에 따라 비용이 달라진다

점포형은 아무래도 비용이 많이 든다.

점포형의 예 프랜차이즈 커피 전문점 K

대로변에 대형 건물을 짓고 넓은 주차장
까지 마련하기 위해 총 10억 원이 든다.

매년 1억 5,000만~2억 원의
수익이 발생하여
6~7년이면 투자금을 회수할 수 있다.

무점포형의 예 리라이브 셔츠

의류 브랜드의 공식 판매 대리점 제도에
참여하면 무점포로도 창업할 수 있어
가맹비만 있으면 된다.

창업에 드는 비용은 사업의 형태에 따라
천차만별이다.

07 직영점에서 프랜차이즈 1호점을 만들기까지

작은 실험으로 실적을 만든다

아무런 실적이 없는 상태에서 성과를 만들어 가는 것은 쉽지 않습니다. 저 역시 '다케다 학원'을 시작했을 때 첫 번째 학원은 다행히 큰 이익을 낼 수 있었지만, 두 번째 학원에서는 그만큼의 성과를 얻지 못했습니다.

그때 오하마 유키 씨가 자신이 맡아 수익을 내보겠다고 참여 의사를 밝혔습니다. 이 계기로 두 번째 학원을 프랜차이즈에 가까운 형태로 별도 운영하게 되었습니다. 동시에 "다케다 학원은 꽤 괜찮은 사업 아이템인 것 같다"며 함께 해보고 싶다는 사람이 두 명 더 나타났습니다. 즉, **사업 모델이 충분히 매력적이라면 자연스럽게 '프랜차이즈를 해보고 싶다'는 제안이 뒤따르게 되는 것입니다.**

이들과 함께 여러 실험을 진행해 보니 어느 정도 좋은 성과가 나왔고, 그 실적을 바탕으로 프랜차이즈 확장을 위한 광고를 냈습니다.

정리하면, 프랜차이즈를 확장하는 기본적인 흐름은 다음과 같습니다.

① 확실하게 이익을 내는 훌륭한 사업 모델을 만든다.

② 검증된 모델을 지인이나 가까운 사람들에게 시험 삼아 운영을 맡겨보고, 실제로 성공할 수 있도록 돕는다.

③ 그 실적을 기반으로 광고를 내거나 프랜차이즈 관련 채널에 알린다.

이 과정을 단계적으로 반복하는 것이 프랜차이즈화를 추진하는 핵심 방법입니다.

① 우선 뛰어난 사업 모델을 만든다.
그 사업 모델은 확실히 수익을 낼 수 있는 구조여야 한다.

↓

② 이익이 나기 시작하면 가족이나 지인, 소개 등
몇 명에게 실험적으로 운영을 맡겨보고, 그들 또한 성공시켜야 한다.

↓

③ 프랜차이즈 확장 광고를 내거나 프랜차이즈 관련 유튜브 채널에
출연해 세상에 널리 알린다.

예 다케다 학원의 경우

① 첫 번째 학원은 수익이 났지만,
두 번째 학원은 수익이 저조했다.

↓

② 두 번째 학원은 오하마 유키 씨에게 맡기고,
그 외에 운영을 희망하는 두 명에게도 운영을
맡겼다.

↓

③ 시험해 보니 좋은 성과가 나왔기에
프랜차이즈화를 추진했다.

사업 모델이 매력적이라면 자연스럽게
'프랜차이즈를 해보고 싶다'는 요청이 들어오기 마련이다.

08 프랜차이즈 가맹 시 활용할 수 있는 지원 제도

달콤한 말에 속지 말고 신중하게 고민하라

프랜차이즈에 가맹하면 정책 금융기관을 통해 비교적 쉽게 창업 자금 대출을 받을 수 있습니다. 이 외에도 국가와 공공기관의 창업 지원 제도, 지방자치단체의 지역 창업 지원 프로그램 등 다양한 지원책을 활용할 수 있습니다. 따라서 자신의 창업 형태에 어떤 제도가 적용되는지 꼼꼼히 확인하는 것이 좋습니다.

하지만 프랜차이즈 가맹을 검토할 때는 각별히 주의해야 합니다. 세상에는 사업 구조가 성립되지 않는 악질적인 프랜차이즈도 존재하며, 일부 모집 매체는 광고비를 받고 무비판적으로 홍보하기도 합니다. 예를 들어 "주 1회 묘비만 닦으면 연 1억 원 수입 가능"과 같은 현실적으로 불가능한 달콤한 문구에 현혹되어서는 안 됩니다.

'프랜차이즈 채널'에 소개되는 브랜드들은 악질적이거나 수상한 업체들을 최대한 배제하기 때문에 비교적 건전한 경우가 많습니다. 물론 채널에 소개된 브랜드라고 해서 모든 가맹점이 반드시 성공하는 것은 아닙니다. 그러나 위험한 프랜차이즈를 걸러내려는 기조는 분명합니다. 최종 판단은 본인이 직접 해야 하므로 언제나 신중하고 객관적으로 검토하시기 바랍니다.

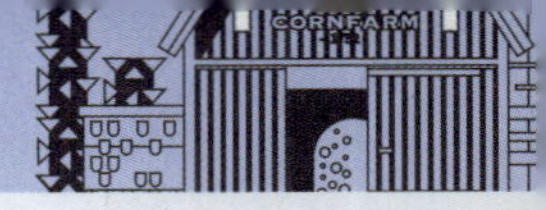

독립 창업 지원 제도

국가 및 공공기관

- 정부 정책금융기관
- 중소기업 지원 전문 공공기관
- 시도별 중소기업 지원센터
- 경영혁신지원기관
- 경영혁신 컨설팅 센터

지방자치단체

- 창업 지원 제도

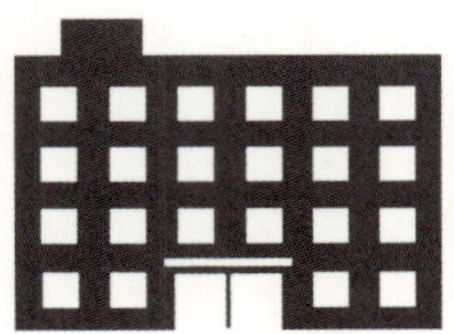

국가나 공공기관, 지방자치 단체로부터 창업이나 독립을 지원하기 위한 보조금이나 지원금을 받을 수도 있다. 가장 큰 장점은 이러한 보조금과 지원금은 기본적으로 상환 의무가 없다는 점이다.
어떤 보조금이나 지원금을 받을 수 있는지, 요건을 꼼꼼히 확인하고 적극적으로 활용하자.

수상한 프랜차이즈 모집 주의!

"주 1회 묘비만 닦으면 연봉 1억 원!"과 같은 달콤한 말로 유혹하는 가맹점 모집이 많으므로 절대 현혹되지 않도록 주의해야 한다.

'프랜차이즈 채널'에 소개된 업체라면, 수상한 프랜차이즈일 가능성은 매우 낮다.

09 어떤 프랜차이즈 상담 서비스를 선택해야 할까

성과 보수형 플랫폼을 활용하라

프랜차이즈를 소개하는 서비스는 다양합니다. 그중에는 가맹 본부로부터 광고비를 받고 브랜드를 노출하는 '광고료형 서비스'도 있습니다. 이러한 서비스를 통해 상담을 받으면 어떤 프랜차이즈를 추천받게 될지 예측하기 어려운데, 광고비를 지불한 업체 중심으로 정보가 편향될 가능성이 있기 때문입니다.

예를 들어, 인기 있는 프랜차이즈와 그렇지 않은 프랜차이즈가 모두 1,000만 원의 광고비를 지불한다고 가정해 보겠습니다. 인기 있는 브랜드는 광고 효과에 만족하겠지만, 인기가 낮은 브랜드는 실적이 나오지 않으면 광고를 중단할 수 있습니다. 이런 상황에서는 광고 매체가 **가맹 실적을 만들기 위해 오히려 인기가 낮은 프랜차이즈를 더 적극적으로 추천하게 되는 왜곡이 발생할 수 있습니다.**

반면, '프랜차이즈 채널'을 비롯한 성과 보수형 서비스는 가맹이 성사될 때마다 동일한 보수가 지급되기 때문에 인기 있는 브랜드든, 덜 알려진 브랜드든 특정 업체를 편향적으로 추천할 이유가 없습니다. 오히려 **경쟁력이 부족한 브랜드를 소개해 가맹으로 이어지지 않으면 수익이 발생하지 않으므로 자연스럽게 성과가 검증되고 안정적으로 성장 중인 프랜차이즈를 우선적으로 추천하는 방향으로 이어집니다.**

'프랜차이즈 채널'은 성과 보수 기반으로 운영되며, 어떤 브랜드가 적합할지에 대한 상담을 받을 수 있으니 적극적으로 활용해 보시기 바랍니다.

프랜차이즈 광고 대행사

광고료를 받고
프랜차이즈 모집 공고를 게재

광고료가 높은 기업
아직 지원자가 없는 기업

자신에게 유리한 기업 을 소개해 줄 가능성이 있다.

성과 보수형 프랜차이즈 중개회사

프랜차이즈 모집 공고 후
가맹 성사 시 성과 보수를 받음

자금 규모에 맞는 기업
희망 조건에 부합하는 기업

가맹 희망자에게 맞는 기업 을 소개해 준다.

프랜차이즈 채널은 성과 보수형

https://fcch.co.jp/

주식회사 프랜차이즈 채널은 프랜차이즈 가맹본부 구축과 개발을 지원하는 전문 기업이다. 프랜차이즈를 통해 인생이 바뀌었던 경험을 바탕으로, 그동안 쌓아온 노하우를 아직 세상에 알려지지 않은 훌륭한 서비스와 브랜드를 널리 알리는 데 활용하고 있다.

제가 학원 프랜차이즈를
선택하게 된 이유

솔직히 저는 프랜차이즈를 그다지 긍정적으로 바라보지 않았습니다. 서비스 질 저하나 가맹점과의 갈등처럼 부정적인 사례들이 먼저 떠올랐기 때문입니다. 하지만 8년 운영에도 불구하고 발전이 없던 2개 지점을 두고 실험적인 시도를 해보고자 주저 없이 프랜차이즈화를 결단했습니다.

그 결과 불과 1년 만에 7개의 새 지점이 생겨났습니다. 심지어 21살 청년이 운영하는 학원이 오차노미즈 본원의 학생 수를 추월하는 등 제가 8년 동안 혼자서 운영했던 것보다 다른 분들의 경영 수완이 훨씬 뛰어났습니다.

직영으로 운영하던 시절에는 오차노미즈 본원이 잘 되고 있었기 때문에 이치카와 학원의 실적이 부진해도 크게 신경 쓰지 않았습니다. 그렇게 운영했다면 지금처럼 400개 학원을 만드는 일은 결코 불가능했을 것입니다.

하지만 프랜차이즈를 시작한 후에는 가맹점주님이 투자한 1억 원을 날리면 어쩌나라는 책임감에, 제 매장보다 가맹점의 홍보와 운영 지원에 훨씬 더 필사적으로 매달렸습니다. 그 경험을 통해 프랜차이즈 방식이 제 성향과 잘 맞는 운영 방식이라는 것을 확실히 느끼게 되었습니다.

프랜차이즈 추천 기업

독자적인 상품이나 서비스로 창업하기가 부담스럽게 느껴진다면, 프랜차이즈 창업을 고려해 보세요. 제가 자신 있게 추천하는 프랜차이즈의 개요와 특징, 그리고 필요한 초기 자금을 한눈에 확인할 수 있도록 정리해 두었습니다. 창업을 준비하는 과정에 조금이나마 보탬이 되기를 바랍니다.

※ 기재된 금액은 모두 부가세 포함 기준입니다.
※ 본 정보는 2025년 1월 시점의 내용입니다. 금액 및 내용은 예고 없이 변경될 수 있으니 미리 양해 부탁드립니다.

프랜차이즈 no.1

혁신적인 네일샵 '하트네일'

https://heartnail.jp/

개요

하트네일은 일본 최초로 300가지가 넘는 디자인을 모두 3,500엔(35,000원)에 제공하는 완전 정액제 네일샵입니다. 60분 안에 시술을 마치는 스피드 시스템을 기반으로, 누구나 부담 없이 즐길 수 있는 네일 서비스를 선보입니다. 네일을 더 손쉽고, 더 친근하게 즐길 수 있는 브랜드가 되고자 하는 마음에서 시작되었습니다.

프랜차이즈의 특징과 주요 데이터

업태	미용 · 건강
업종	네일샵
영업 지역	전국
모집 단계	1차 모집

예산		
가맹비	2,310만 원
점포 확보 비용	800만 원
인테리어 비용	300만 원
비품 구입비	600만 원
운영자금	1,000만 원

흑자 전환에 필요한 총예산 ▶▶▶ 합계 50,100,000원

※ 가맹비, 점포 확보 비용 등 모든 비용을 포함한 흑자 전환에 필요한 총예산 기준입니다.

JPC 스포츠 교실

https://jpc-sports.com/

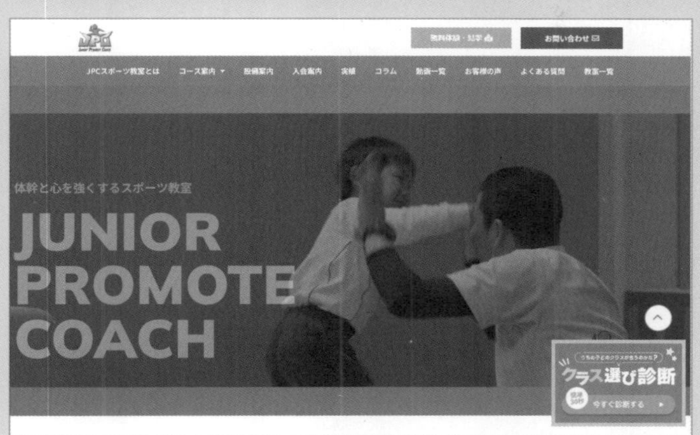

개요

일본에서 수강생 수 1위를 자랑하는, 어린이 전문 체조·코어 트레이닝 센터 입니다. 운동이 서툰 어린이부터 운동선수를 목표로 하는 아이들까지 주요 대상입니다.

프랜차이즈의 특징과 주요 데이터

업태	교육·어린이 대상
업종	교육(스포츠 사업)
영업 지역	전국
모집 단계	1차 모집

예산		
가맹비	3,850만 원
점포 확보 비용	3,300만 원
리모델링 비용	1억 원
비품 구입비	3,650만 원
기타 비용	5,500만 원

흑자 전환에 필요한 총예산 ▶▶▶ **합계 350,000,000원**

※ 가맹비, 점포 확보 비용 등 모든 비용을 포함한 흑자 전환에 필요한 총예산 기준입니다.

프랜차이즈 no.3

화이트닝 카페

https://whiteningcafe.jp/

개요

면허나 자격증 없이도 약 1억 원 내외의 초기 투자로 창업할 수 있는 '호-이트닝 샵'입니다. 치과에서 진행하는 의료 미백과는 차별화된 미용 분야에서 제공되는 화이트닝 서비스입니다.

프랜차이즈의 특징과 주요 데이터

업태	미용·건강
업종	치아 화이트닝 샵
영업 지역	전국
모집 단계	2차 모집

예산		
가맹비	1,650만 원
점포 확보 비용	900만 원
인테리어 비용	2,200만 원
비품·기기 비용	3,700만 원
기타 비용	2,290만 원

흑자 전환에 필요한 총예산 ▶▶▶ 합계 107,400,000원

※ 가맹비, 점포 확보 비용 등 모든 비용을 포함한 흑자 전환에 필요한 총예산 기준입니다.

※정규직 1명, 아르바이트 1명/총 2명 체제·임대로 180만 원

로레인 브로우

https://lorraine-brow.co.jp/

개요

로레인 브로우는 속눈썹 펌과 눈썹 시술에 특화된 뷰티샵으로, 눈매를 맑고 아름답게 정돈하여 고객님의 아름다움을 완성해 주는 전문 샵입니다.

프랜차이즈의 특징과 주요 데이터

업태	미용·건강	예산	가맹비 및 교육비	3,300만 원
업종	속눈썹(아이래쉬) 샵		점포 확보 비용	2,200만 원
영업 지역	전국		인테리어 공사 비용	3,300만 원
모집 단계	0차 모집		비품 비용	1,100만 원

흑자 전환에 필요한 총예산 ▶▶▶ 합계 100,000,000원

※ 가맹비, 점포 확보 비용 등 모든 비용을 포함한 흑자 전환에 필요한 총예산 기준입니다.

※3인 운영 체제, 월 임대료 100만 원

프랜차이즈 no.5

영상 편집 CAMP

https://camp-skill.com/movie/

개요

유튜브 영상 편집에 특화된 기술을, 현업 전문가에게 직접 배웁니다. 주말 이틀 만에 마스터 하고, 월요일부터 바로 영상 편집자로 활동할 수 있습니다.

프랜차이즈의 특징과 주요 데이터

업태	교육
업종	영상 편집 스쿨
영업 지역	전국
모집 단계	2차 모집

예산		
가맹비	2,420만 원
물건 구입비	800만 원
인테리어 공사비	700만 원
설비비	800만 원
기타 비용	800만 원

흑자 전환에 필요한 총예산 ▶▶▶ 합계 60,000,000원

※ 가맹비, 점포 확보 비용 등 모든 비용을 포함한 흑자 전환에 필요한 총예산 기준입니다.

【24】
디저트 전문 무인 판매소

https://24-sweets.com/

개요

24는 일본 최초의 디저트 전문 무인 판매소로, SNS에서 화제인 비주얼 디저트를 비롯해 수백 종류의 디저트와 아이스크림을 다양하게 갖추고 있습니다.

프랜차이즈의 특징과 주요 데이터

업태	무인 점포
업종	디저트 전문 무인 판매소
영업 지역	전국
모집 단계	0차 모집

예산		
가맹비	2,200만 원
점포 확보 비용	500만 원
인테리어 비용	650만 원
장비/비품	975만 원
기타 비용(상품 매입 포함)	2,500만 원

흑자 전환에 필요한 총예산 ▶▶▶ 합계 70,000,000원

※ 가맹비, 점포 확보 비용 등 모든 비용을 포함한 흑자 전환에 필요한 총예산 기준입니다.

프랜차이즈 no.7

두피 케어 전문점 '이야시푸'

https://iyasheep.com/

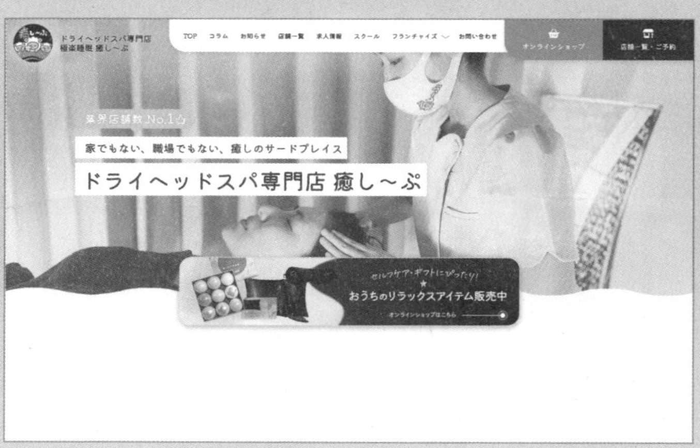

개요

이야시푸가 지향하는 것은 집도 직장도 아닌 제3의 힐링 공간입니다. 간호사가 고안한 독자적인 기술로 머리와 마음을 함께 치유하는 두피 케어 서비스 전문점입니다.

프랜차이즈의 특징과 주요 데이터

업태	미용·건강
업종	두피 케어 전문점(두피 케어 스파)
영업 지역	전국
모집 단계	0차 모집

예산		
가맹비	2,024만 원
점포 확보 비용	약 800만 원
인테리어 비용	약 500만 원
기타 비품	약 300만 원
연수비	330만 원

흑자 전환에 필요한 총예산 ▶▶▶ 합계 60,000,000원

※ 가맹비, 점포 확보 비용 등 모든 비용을 포함한 흑자 전환에 필요한 총예산 기준입니다.

아사쿠사 찻집 타바네노시

https://tabanenoshi.com/

개요

전통적인 일본식 분위기에 현대적인 요소를 접목한 찻집 '아사쿠사 찻집 타바네노시'입니다. 일본식 크레이프를 세계에 알리겠다는 이념으로 활동하고 있으며, 주요 관광지나 해외 진출을 핵심 전략으로 하고 있습니다.

프랜차이즈의 특징과 주요 데이터

업태	외식
세부 업종	일본식 크레이프 전문점
운영 지역	전 세계
모집 단계	1차 모집

예산	
가맹비	3,300만 원
점포 확보 비용	2,000만 원
인테리어 비용	3,300만 원
주방 설비 비용	1,800만 원
연수 비용	330만 원
보증금	1,000만 원

흑자 전환에 필요한 총예산 ▶▶▶ 합계 1억~1억 5천만 원

※ 가맹비, 점포 확보 비용 등 모든 비용을 포함한 흑자 전환에 필요한 총예산 기준입니다.

※3명 체제, 예상 월 임대료 300만 원

프랜차이즈 no.9

내성발톱 교정 전문점

https://tokyo-makizume.com/

개요

내성발톱 교정에 특화된 풋케어샵입니다. 내성발톱 시술은 물론, 티눈, 각질, 두꺼워진 발톱 등 발에 관한 다양한 문제를 종합적으로 관리하는 전문점입니다.

프랜차이즈의 특징과 주요 데이터

업태	미용·건강
업종	풋케어(발 관리) 샵
영업 지역	전국
모집 단계	1차 모집

예산		
가맹비	2,200만 원
점포 확보 비용	930만 원
집기·비품	770만 원
홍보비	440만 원
연수비	165만 원

흑자 전환에 필요한 총예산 ▶▶▶ 합계 5천만 원~5,500만 원

※ 가맹비, 점포 확보 비용 등 모든 비용을 포함한 흑자 전환에 필요한 총예산 기준입니다.

※2명 체제, 월세 150만 원 기준

프랜차이즈
no.11

냉동육 전문점 '니쿠야'

https://meatmarket.jp/sp/

개요

홋카이도식 양념 냉동육 전문점으로, 40종 이상의 양념 냉동육을 제공합니다. 약 5,000원으로 즐길 수 있다는 독특한 콘셉트와 개성 있는 상품 패키지가 특징이며, 일반 판매뿐 아니라 외식업체 도매 사업도 진행하고 있습니다.

프랜차이즈의 특징과 주요 데이터

업태	무인업태
업종	양념 냉동육 판매
영업 지역	전국
모집 단계	1차 모집

예산		
가맹비	1,100만 원~
점포 확보 비용	275만 원~
내·외장 공사 비용	220만 원~
냉동 쇼케이스	550만 원~
기타 비용	880만 원~

흑자 전환에 필요한 총예산 ▶▶▶ 합계 33,000,000원

※ 가맹비, 점포 확보 비용 등 모든 비용을 포함한 흑자 전환에 필요한 총예산 기준입니다.

토큰을 활용해
다수의 프랜차이즈 가맹에 필요한 자금을 조달하고자 합니다!

FC 토큰@하야시 나오히로 | https://financie.jp/users/FC_token

차세대 자금 조달 수단, 'FiNANCiE' 토큰 활용

'FC 토큰@하야시 나오히로'는 FiNANCiE(파이낸시) 앱에서 토큰*을 판매하여 프랜차이즈 가맹에 필요한 자금을 조달하고 있습니다. 프랜차이즈를 시작하고 운영하는 과정을 토큰 보유자와 공유하며, 함께 프랜차이즈의 매력과 인지도를 높여가는 것이 목적입니다. 또한 회사 수익의 일부를 토큰 구매 지원에 활용하여 사업 성장과 함께 토큰 보유자에게 다양한 혜택을 제공하고 초기 서포터(후원자)분들께 인센티브를 제공하고자 합니다.

*토큰은 FiNANCiE에서 활동하는 프로젝트가 발행하는 디지털 아이템 형태의 '커뮤니티 토큰(CT)'을 의미합니다. FiNANCiE 앱에서만 사용 가능하며, 유가증권이나 암호화폐 등 금융상품은 아닙니다.

새로운 시대의 크라우드 펀딩 서비스 「FiNANCiE」

'FiNANCiE(파이낸시)'는 블록체인 기술을 활용한 토큰형 크라우드 펀딩 서비스입니다. 꿈과 목표를 실현하고자 하는 개인이나 단체를 '오너', 오너를 지원하는 팬을 '서포터'라고 합니다. 오너는 토큰을 발행·판매하여 자금을 확보하고, 동시에 공동 창조형 커뮤니티를 구축할 수 있습니다.

https://financie.jp/

　마지막으로 이 책은 '독립 창업'을 주제로 한 만큼 마지막으로 꼭 전하고 싶은 이야기가 있습니다. 저는 창업이란 결국 기술, 영업, 회계, 이 세 가지로 이루어진다고 생각합니다. 여기에서 '기술'이란 상품과 서비스의 근간을 이루는 능력으로, 성과를 높이는 교육 기술이나 훌륭한 맛을 만들어내는 조리 기술 등을 말합니다. 그리고 이러한 기술을 세상에 널리 알리고, 더 많은 사람에게 전달하는 과정이 바로 '영업'입니다. 영업의 방식이 무엇이든 중요하지 않습니다. 핵심은 세상에 알리고, 사람들이 사용하고, 구매하도록 만드는 일입니다. 그렇게 들어온 돈과 나가는 돈의 흐름, 그리고 그와 관련된 다양한 거래를 기록하고 관리하는 것이 회계입니다. 정리하자면 어떤 상품과 서비스가 있는지, 그것을 어떻게 영업으로 확장할지, 그리고 어떻게 관리할 것인지 이 세 가지 단계가 창업의 핵심 포인트입니다. 이렇게 보면 창업을 하기 위해서는 반드시 자신만의 오리지널 상품이나 서비스를 개발해야 한다는 결론에 도달하게 됩니다. 그리고 바로 이 지점에서 많은 분들이 큰 부담과 어려움을 느끼곤 합니다.

　이때 선택지가 되는 것이 바로 프랜차이즈입니다. 프랜차이즈는 이미 시장에서 검증된 상품과 서비스이기 때문에 창업의 가장 어려운 첫 단계를 건너뛸 수 있습니다. 즉, 창업을 준비하면서 우선 다른 사람의 상품과 서비스로 '연습'해 볼 수 있다는 뜻입니다. 그래서 저는 창업의 첫걸음이자 연습으로써 프랜차이즈가 매우 훌륭한 선택지라고 생각합니다. 어디서부터 시작해야 할지 막막하다면 우선 프랜차이즈를 통해 한 번 경험을 쌓아보시는 것도 좋은 방법입니다. 그렇게 단계를 밟아가는 창업의 길을 제안드리며, 이 책을 마무리하고자 합니다.

하야시 나오히로

제품은 만들어졌다! 이제 남은 질문은 단 하나, 그 제품을 얼마에, 누구에게, 어떻게 팔 것인가?

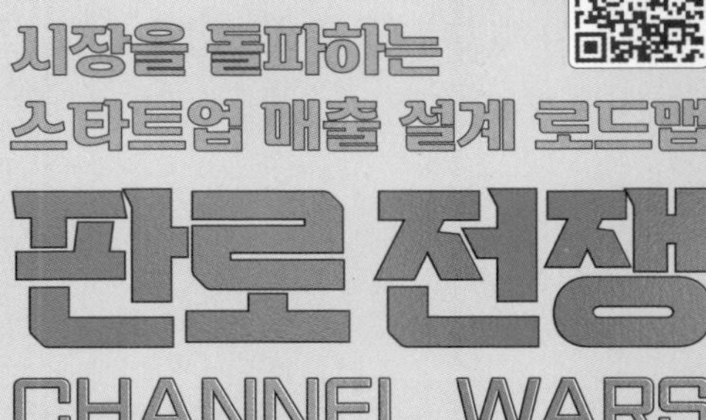

박선우 지음 / 152×225 / 328쪽 / 19,000원

📖 이 책의 특징

이 책은 다수의 스타트업과 초기 기업을 대상으로 실무 중심 컨설팅을 수행해 온 저자가 스타트업의 성패를 가르는 두 축, '판'과 '로'를 중심으로 제품을 매출로 연결하는 전략을 단계별로 제시한다. 1부 '판을 설계하라'에서는 고객 가치 인식, 준거 가격, 가격 레버리지 효과, 가버-그랜저 기법, 가격 차별화 전략, 다이내믹 프라이싱 등 현장에서 적용 가능한 가격 설계 방법을 구체적으로 다룬다. 2부 '로를 개척하라'에서는 직접 판매(D2C) 전략을 시작으로 유통 채널 확장, B2B·B2C 전략, 글로벌 시장 진출, 캐즘 극복, 팬덤 구축까지 스타트업의 성장 단계에 맞춘 판로 전략을 체계적으로 안내한다. 특히 저자의 실제 스타트업 컨설팅 사례를 풍부하게 담아내 전략을 적용할 때 고려해야 할 현실적인 변수까지 함께 짚어낸다.

이론을 설명하는 데서 그치지 않고 시장에서 바로 적용할 수 있는 전략과 실행 방법을 제시하는 실전 전략서로, 판매와 유통의 벽 앞에서 방향을 고민하는 창업자에게 『판로 전쟁』은 다음 행동을 결정할 기준을 제공한다.

잠 못들 정도로 재미있는 이야기
창업

2026. 3. 11. 초 판 1쇄 인쇄
2026. 3. 18. 초 판 1쇄 발행

감　　수 | 하야시 나오히로
옮긴이 | 김선숙
펴낸이 | 이종춘
펴낸곳 | **BM** (주)도서출판 **성안당**
주소 | 04032 서울시 마포구 양화로 127 첨단빌딩 3층(출판기획 R&D 센터)
　　　 | 10881 경기도 파주시 문발로 112 파주 출판 문화도시(제작 및 물류)
전화 | 02) 3142-0036
　　　 | 031) 950-6300
팩스 | 031) 955-0510
등록 | 1973. 2. 1. 제406-2005-000046호
출판사 홈페이지 | www.cyber.co.kr
ISBN | 978-89-315-0821-5 (04080)
　　　 | 978-89-315-8889-7 (세트)
정가 | 9,800원

이 책을 만든 사람들
책임 | 최옥현
진행 | 김해영
교정·교열 | 김해영
본문 디자인 | 김인환
표지 디자인 | 박원석
홍보 | 김계향, 임진성, 김주승
국제부 | 이선민, 조혜란
마케팅 | 구본철, 차정욱, 오영일, 나진호, 강호묵
마케팅 지원 | 장상범
제작 | 김유석